Les FOUS du ROI

Les Éditions Transcontinental inc.
1100, boul. René-Lévesque Ouest
24e étage
Montréal (Québec) H3B 4X9
Tél.: (514) 392-9000
1 800 361-5479

Pour connaître nos autres titres, tapez **www.livres.transcontinental.ca**. Vous voulez bénéficier de nos tarifs spéciaux s'appliquant aux bibliothèques d'entreprise ou aux achats en gros? Informez-vous au **1 866 800-2500**.

Distribution au Canada
Les messageries ADP
1261A, rue Shearer, Montréal (Québec) H3K 3G4
Tél.: (514) 939-0180 ou 1 800 771-3022
adpcommercial@sogides.com

Distribution en France
Géodif Groupement Eyrolles — Organisation de diffusion
61, boul. Saint-Germain 75005 Paris FRANCE – Tél.: (01) 44.41.41.81

Distribution en Suisse
Servidis S. A. – Diffusion et distribution
Chemin des Chalets CH 1279 Chavannes de Bogis SUISSE – Tél.: (41) 22.960.95.10
www.servidis.ch

Données de catalogage avant publication (Canada)
Tremblay, Rémi
Les fous du roi
(Collection Commerce)

ISBN 2-89472-247-8
ISBN 2-89472-252-4

1. Pouvoir économique. 2. Sociétés - Relations avec les actionnaires. 3. Capital - Productivité. 4. Morale des affaires. 5. Adecco (Firme). 6. Tremblay, Rémi. I. Bérard, Diane, 1962-   . II. Titre.

HD2744.T73 2004   659.2'85   C2004-940326-5

Révision: Pierre-Yves Thiran
Correction: Gilbert Dion
Photo des auteurs en couverture arrière: Véro Boncompagni © 2003 (D. Bérard),
                                         Studio Œil pour œil © 2004 (R. Tremblay)
Mise en pages et conception graphique de la couverture: Studio Andrée Robillard

La forme masculine non marquée désigne les femmes et les hommes.

Imprimé au Canada
© Les Éditions Transcontinental, 2004
Dépôt légal — 2e trimestre 2004
2e impression, mai 2004
Bibliothèque nationale du Québec
Bibliothèque nationale du Canada

ISBN 2-89472-247-8
ISBN 2-89472-252-4

Nous reconnaissons, pour nos activités d'édition, l'aide financière du gouvernement du Canada, par l'entremise du Programme d'aide au développement de l'industrie de l'édition (PADIÉ), ainsi que celle du gouvernement du Québec (SODEC), par l'entremise du programme Aide à la promotion.

Rémi Tremblay
avec **Diane Bérard**

Les FOUS du ROI

Il n'y a pas de crise
du leadership.
Il n'y a que des leaders
en crise.

Les Éditions
Transcontinental

À mes fils,
Samuel, Jean-Nicolas et Charles-Thomas,
qui chaque jour me montrent la route

« *Écrire est un acte d'amour. S'il ne l'est pas, il n'est qu'écriture.* »

Jean Cocteau

Si l'on considère que l'amour implique la transparence,
ce livre est assurément un acte d'amour. À travers ces lignes,
vous vivrez ma colère, entendrez mes jugements et partagerez mes passions.
Sachez que je suis animé par un seul but, une seule urgence :
réinventer notre façon de vivre et d'évoluer dans nos organisations.

Recevez, s'il vous plaît, ce livre comme un cadeau
au nom de la dignité humaine.

Rémi Tremblay

Remerciements

Tout d'abord, merci à Diane Bérard, ma compagne d'écriture. Par la pertinence de ses questions, son empathie et son grand respect, elle m'a amené vers des zones que je n'avais jamais visitées et des émotions que je n'avais jamais touchées. J'ai découvert en elle une grande journaliste, un être humain exceptionnel. Quelle aventure, quelle exploration!

Merci à Jean Paré, notre éditeur, pour avoir accueilli avec attention et enthousiasme mon émotion et mon besoin de m'exprimer. Excellent guide, parfois dur mais combien généreux, il m'a beaucoup appris. Sans lui, ce livre n'aurait probablement jamais existé; il a su le porter assez haut pour que je ne puisse l'atteindre dans mes moments de doute.

Merci aussi à Philippe Foriel-Destezet et à Jérôme Caille, leaders d'Adecco, pour m'avoir laissé publier ce livre sans me demander d'en voir le contenu. Cette marque de confiance me touche profondément et me donne un nouveau souffle.

Merci enfin à tous ceux qui m'entourent de m'accepter tel que je suis. Merci à mes philosophes de tous les jours, qui nourrissent ma pensée et me permettent d'évoluer: les deux Linda, Jocelyne Tremblay et Clément Guimont, Danielle et Serge, Estelle et Thierry, Éric, Sandra, Olivier, Nancy, Ronald, mes collègues et amis de France et du Mexique, Jacques et Thierry, ma tante Francine, ma cousine France, ma mère, et bien sûr, Sylvie, ma blonde, qui se tape mes crises existentielles.

À tous, merci, merci!

Rémi Tremblay

Table des matières

Introduction

Ce livre n'aurait jamais dû exister.

Mes équipes ne voulaient pas que je l'écrive. Elles m'ont dit: « Tu as une entreprise de 11 000 employés à gérer. Tu dois te concentrer sur ta tâche. On a besoin de toi. » Mes patrons, eux, seront probablement furieux que je dénonce tout ce qui suit. Que je jette un pavé dans la mare, alors que l'eau est déjà passablement houleuse. Mais je ne peux pas me taire. Je ne peux plus me taire. Depuis des années, j'exprime ma pensée en coulisse, dans les coulisses du pouvoir.

Le 28 janvier 2004, à 6 h du matin, je décide que ma pensée deviendra publique. Je ressens le besoin de m'exprimer, de lever le rideau, de dire haut et fort ce que je perçois.

Le groupe mondial auquel j'appartiens, Adecco, est en crise. Plus grande société de recrutement et de placement de personnel pour des postes temporaires ou permanents au monde, présente dans 68 pays, Adecco, une entreprise publique, est soupçonnée d'irrégularités comptables. En 2002, son chiffre d'affaires s'élevait à 17,91 milliards de dollars américains.

Au début, les informations sortent au compte-gouttes dans la presse financière. Mais le 12 janvier 2004, on apprend qu'une filiale nord-américaine d'Adecco est soupçonnée d'avoir manipulé ses comptes. Je sens les regards se tourner vers moi. Après tout, je suis président d'Adecco Canada, une des filiales nord-américaines du groupe. Mais ce scandale n'a pas lieu dans ma cour. Il se déroule aux États-Unis. Je connais bien le leader de cette division, Julio. Je le côtoie depuis des années.

Julio est pointé du doigt et passe à la guillotine. C'est injuste. Adecco est en crise depuis plusieurs années. Ce qui arrive aujourd'hui, je l'ai vu venir, comme probablement d'autres de mes collègues dans le monde.

⊙ ⊙ ⊙

Adecco est le résultat de nombreuses fusions, dont la principale a eu lieu entre le géant français Ecco et le géant Suisse Adia.

Pour faciliter votre lecture, je dois dire que j'ai d'abord travaillé pour Ecco Québec de 1989 à 1997. À partir de 1997, l'entreprise a pris le nom d'Adecco Québec. Et, depuis avril 2002, je suis président d'Adecco Canada.

Depuis sept ans, nous sommes atteints d'une sorte de folie des grandeurs. Adecco est en mode « conquête ». De fusion en fusion, nous avons perdu notre identité, laquelle a déjà été forte et saine. Nous avons perdu notre âme. Sans valeurs communes pour nous guider, nous avons laissé les luttes de pouvoir internes prendre toute la place. C'est maintenant chacun pour soi. J'ai essayé de parler de mes inquiétudes aux grands patrons. Ils m'ont regardé comme un rêveur, un idéaliste, un humaniste. « Mon petit Rémi, tu t'en fais trop. »

Parfois, on me qualifie de missionnaire, parce que j'emploie des mots que le monde des affaires n'est pas habitué à entendre. Je parle d'amour, de détresse, d'humilité. Je dis souvent: « Je ne sais pas », « J'ai peur », « Je doute », des mots qui n'existent pas dans les hautes sphères des organisations. Mes patrons sont davantage accoutumés au langage guerrier: conquête, victoire, bataille... On voit où leur folie de conquérant a mené notre organisation. Je suis furieux. J'en veux à mon organisation, ou plutôt à nous, qui la dirigeons, d'avoir toléré tout cela si longtemps.

Tolérer. Je déteste ce verbe! Au nom de la tolérance, on banalise tout. Y compris les leaders qui manipulent leurs chiffres pour encaisser de plus gros bonis et bien paraître devant les grands patrons et les actionnaires.

L'affaire Adecco serait, semble-t-il, le troisième plus important scandale corporatif au monde. C'est du moins la façon dont les journalistes présentent les choses. Est-ce vrai? Nous ne le savons pas encore au moment où j'écris ces lignes, début mars 2004. Les audits et les résultats de l'enquête seront rendus publics à la fin d'avril. On parle de fraude, mais pour l'instant les vérificateurs n'ont rien trouvé.

J'ai choisi de ne pas attendre les conclusions de l'enquête pour publier ce texte. Mon livre ne s'intéresse pas aux conséquences de cette affaire, qu'il s'agisse de fraude ou de quelque autre manquement éthique; non, il se penche plutôt sur la source du problème.

Je suis patron depuis 15 ans. Aujourd'hui, je gère Adecco Canada, une filiale qui, je le répète, compte 11 000 employés. Et je connais fort bien le chemin qui mène aux écarts de conduite. Je veux vous expliquer comment un leader, avant de mentir aux autres, commence par se mentir à lui-même. Et comment les actionnaires, souvent de façon inconsciente, mènent le bal.

⊙ ⊙ ⊙

Un scandale est toujours plus impressionnant lorsqu'il éclate dans une grande entreprise. Pourtant, il n'y a pas de grand ou de petit scandale. Tout comme il n'existe pas de «degrés d'éthique» : j'ai de l'éthique ou je n'en ai pas. Il n'y a rien entre les deux, contrairement à ce qu'on peut vouloir se faire croire pour soulager sa conscience.

Depuis le début de la crise Adecco, je suis submergé d'appels téléphoniques. De l'intérieur de l'entreprise comme de l'extérieur. Tout le monde veut savoir ce qui se passe. Tout le monde veut me donner son avis et connaître le mien.

Un samedi soir, un ami m'apostrophe : «Rémi, c'est écœurant ce qui se passe dans ton entreprise. Toutes ces grosses légumes qui profitent du système.» Je souris. Puis, je lui demande : «Ton frère, celui qui est dans la construction, lui arrive-t-il de se faire payer au noir? » Il me regarde d'un air étrange : « C'est quoi le rapport? » « Ton frère ou mes collègues, c'est pareil. C'est le même geste. »

Je ne crois pas aux petits manquements. Je pense simplement que certaines fautes sont plus spectaculaires que d'autres.

Dès que la crise a éclaté, la direction générale, à Zurich, a paniqué et nous a ordonné de ne pas parler aux médias. Je ne me suis pas soumis à cette directive. J'ai répondu aux questions de quelques journalistes parce que je crois que c'est donnant, donnant. Nous, les patrons, sommes bien contents que la presse d'affaires existe pour vanter nos bons coups. Il faut donc savoir être là pour les journalistes lorsqu'ils veulent avoir l'heure juste.

Pour moi, cette crise est la goutte qui fait déborder le vase. Remarquez, j'aurais écrit ce livre de toute façon, parce qu'il y a trop d'histoires comme celle d'Adecco. J'écris juste un peu plus tôt que prévu. On verra bien ce que ça donnera.

L'affaire Enron, aux États-Unis, a ouvert la boîte de Pandore. Grâce à certains employés courageux, le monde entier a appris que des membres de la direction avaient trafiqué les résultats financiers pour obtenir leur boni et faire grimper le titre en Bourse. Tout cela, avec la complicité des comptables de la société Arthur Andersen. Je vomis sur ce genre de comportement!

Les Italiens, eux, ont vu éclater l'affaire Parmalat, dans laquelle des dirigeants se sont graissé la patte. Le chef de la direction financière, loin de se montrer repentant, a osé lancer aux journalistes qui l'attendaient devant le palais de justice: «J'espère que vous et vos familles mourrez d'une mort lente et douloureuse.» Le salaud. Ou plutôt: le pauvre...

Le Québec a aussi son scandale financier: l'affaire Cinar. Micheline Charest et Ronald A. Weinberg, couple fondateur, se sont servis sans vergogne dans la caisse. Ils ont menti, affirmant que des textes écrits par des auteurs américains l'avaient été par des auteurs canadiens. Ils ont perçu d'importants crédits d'impôt. Ils ont caché aux Bahamas des millions de dollars appartenant à l'entreprise. Et puis, le jour où la Commission des valeurs mobilières du Québec (CVMQ) leur a collé une amende de 2 millions, qu'ont-ils fait? Ils ont refusé de payer, prétextant qu'ils n'avaient pas les fonds!

Comment peut-on à ce point s'éloigner de soi-même et commettre de tels méfaits? Et comment peut-on ensuite se regarder dans le miroir? C'est ce que je vais tenter d'expliquer dans ce livre.

Il semblerait, de plus, que ce ne soit pas fini. Selon une étude de la société KPMG, 85 % des membres des conseils d'administration du Canada prévoient qu'un scandale comparable à celui d'Enron éclatera en 2004 dans une entreprise d'ici. Que font-ils en attendant? Ils tolèrent.

Pour se rassurer, ces administrateurs, tout comme les organismes de réglementation, parlent de renforcer les contrôles. C'est la grande mode en ce moment en matière de gouvernance d'entreprise: on pense empêcher la fraude par le contrôle. Mais le contrôle est une réaction à l'insécurité; il engendre la méfiance.

Je ne comprends pas. Pourquoi n'aidons-nous pas à partir ceux dont on se méfie plutôt que d'ajouter des contrôles? C'est la confiance qu'on doit protéger, pas les résultats. On le sait: tôt ou tard, les contrôles finissent par être contournés.

⊙ ⊙ ⊙

J'ai vu venir la crise Adecco, mais je n'ai rien dit. Ou si peu. J'ai essayé d'attirer l'attention de mes patrons sur ce qui se dessinait, puis j'ai lâché prise. J'ai laissé faire. Comme les autres, j'ai toléré. Je me suis replié sur ma division, je l'ai fait croître, j'ai accumulé les succès. Je n'ai pensé qu'à moi.

Vu de l'extérieur, on pourrait croire que je suis le roi. Après tout, je suis patron et des milliers de personnes dépendent de moi. Mais je ne suis pas le roi. Je suis un fou, le fou du roi. Et mon roi, c'est l'actionnaire.

Pour lui, je réalise les cabrioles les plus folles. Je fais tout ce qu'il me demande: je coupe des postes, je centralise, j'impose à mes équipes des objectifs irréalistes, j'achète des concurrents qui n'ont rien à voir avec mon organisation, je grossis pour grossir, et je promets un rendement complètement déphasé par rapport au rythme, aux valeurs et aux ressources de ma société.

Je fais ce que la majorité des autres fous à la tête de la plupart des entreprises cotées en Bourse font. Pour plaire au roi, le fou est prêt à tout. Mentir, voler, tricher. Et cela pour une raison fort simple: le roi-actionnaire est un tyran. Il réclame toujours plus.

Les scandales dont vous entendez parler, tout comme ceux que vous ne connaissez pas et que vous ne connaîtrez jamais, sont tous le résultat de la même façon de faire : des leaders, plutôt que de servir, choisissent de se servir. Aveuglés par le pouvoir et le désir de plaire au roi, ils s'éloignent d'eux-mêmes et de leurs valeurs.

J'ai été ce genre de dirigeant. Je me croyais libre. J'étais en fait l'esclave de mes ambitions et de mon désir de plaire à mes patrons et aux actionnaires. Lorsque je l'ai compris, j'ai eu le vertige. Je suis descendu au fond de moi-même et j'ai contemplé le vide. Mes limites. Mes faiblesses. Mes peurs. Tout ce que j'ai caché pendant 10 ans, de 22 ans à 32 ans, sous des airs de conquérant. Aujourd'hui, j'en ai 38 et j'ai appris à me pardonner. C'est la seule façon de retrouver la passion.

Je suis encore un fou du roi. Mais non plus celui qui fait le pitre pour amuser son monarque. Je me suis désormais consacré à l'autre mission du fou, celle de dénoncer. Le fou tend un miroir au roi pour qu'il se regarde. Le fou dit tout haut ce que le reste de la cour, de peur de tomber en disgrâce ou de se faire couper la tête, pense tout bas. Le fou est la conscience de son roi.

Ce livre ne contient pas de grande théorie ni de plan d'action. Je ne suis ni professeur de gestion ni consultant. Je suis simplement un patron qui s'est éloigné de lui-même temporairement. Je parle uniquement de ce que je connais, de ce que j'ai vécu. Pendant un temps, je me suis servi au lieu de servir ma cause et les autres. Et, comme tous les patrons qui ont failli, je n'ai que moi à blâmer.

Ce livre est mon histoire. Un long voyage de 15 ans, de la servitude à la liberté.

L'histoire de la couronne

Le patron n'a pas toujours été fou. Il a d'abord été roi.

Lorsque naissent les premières entreprises capitalistes, à la fin du XVIIIe siècle, le patron règne en maître absolu. Pour satisfaire sa soif de pouvoir, d'ambition et de conquête, ses employés paient de leur santé, et parfois même de leur vie.

Tout comme ces rois qui sacrifiaient naguère leurs armées pour conquérir de nouveaux territoires, les premiers patrons de l'ère industrielle sacrifient leurs employés sur l'autel de leur profit personnel. Les romanciers Charles Dickens et Émile Zola, entre autres, ont dépeint cet univers sordide, ce cauchemar quotidien de milliers d'êtres humains.

Puis, un beau jour, les employés se révoltent. So-so-so-solidarité! Naît alors le syndicalisme, qui vole la couronne du roi pour la poser sur la tête des dirigeants syndicaux. Après avoir corrigé des décennies d'abus, l'employé devient à son tour tyran.

Pour avoir la paix, les patrons signent des conventions collectives très généreuses. Trop généreuses. Les conditions de travail, autrefois inhumaines, se sont améliorées, c'est vrai ; mais un excès en remplace un autre. La dictature de l'employé est bientôt telle que les entreprises se voient forcées de faire des concessions qui compromettent leur avenir.

La rentabilité des entreprises chute. Visiblement, le roi ne sait pas comment s'y prendre pour faire régner la paix dans le royaume. La dictature de l'employé engendre la pagaille. Il faut couronner un autre monarque.

Toutes les principautés ont besoin d'un roi. Et toutes les entreprises ont besoin de clients. On l'avait oublié, celui-là. Patrons et syndicats étaient trop occupés à se disputer pour penser au client. Son tour est venu de se saisir de la couronne. C'est à ce moment que je deviens patron, en 1989 pour être précis. Mon supérieur me dit : « Le client est roi. Tu dois tout faire pour le satisfaire. » Comme tous les autres dirigeants de la terre, j'obéis.

Mais le client se montre tout aussi tyrannique que les rois qui l'ont précédé. Il exige toujours davantage pour le même prix. On ne sait plus quoi inventer pour lui plaire. Les marges bénéficiaires s'amenuisent. Certaines entreprises survivent mieux que d'autres : au lieu de couper, elles innovent. Elles offrent de nouveaux produits et de nouveaux services pour lesquels le client-roi ne peut réclamer un prix à la baisse, puisqu'il n'existe rien de comparable sur le marché.

Évidemment, le royaume compte davantage de fous que de rebelles. Davantage d'entreprises qui tentent de satisfaire le dictateur en coupant dans les prix que d'entreprises novatrices. Mais les choses ne peuvent continuer bien longtemps de la sorte. S'ensuit un autre mouvement de révolte. Mais, encore une fois, on va couronner un mauvais roi.

⊙ ⊙ ⊙

En effet, on trouve bientôt un nouveau monarque : l'actionnaire. Lui, il sait que ce n'est pas en donnant le pouvoir à l'employé ou au client qu'on bâtit des entreprises solides, que l'on crée de la valeur. La couronne se déplace donc une nouvelle fois.

Aujourd'hui, elle est toujours bien vissée sur la tête de l'actionnaire qui, comme le patron, l'employé et le client avant lui, instaure sa dictature. Nous n'avons rien compris. Nous n'avons pas su tirer de leçon des erreurs du passé. Le pouvoir corrompt, et le pouvoir absolu corrompt absolument.

Pourtant, le roi n'a que le pouvoir qu'on lui accorde. Il n'y a pas de roi sans royaume. Et si on le couronne, c'est bien parce qu'on y gagne quelque chose. L'employé accepte d'être valet en échange d'un salaire. Le patron accepte d'être valet en échange d'une grosse rémunération et, surtout, de primes et d'autres avantages pécuniaires.

Nous sommes tous le fou de quelqu'un, nous avons tous un roi à satisfaire. Et pour demeurer dans ses bonnes grâces, pour conserver ses faveurs, nous sommes prêts à tout. Si le monarque sait s'y prendre, s'il tire les bonnes ficelles, nous succomberons. Contre un peu (beaucoup) d'argent, de gloire ou de reconnaissance, nous sommes prêts à accorder au roi le droit de vie ou de mort sur nous.

J'ai cédé mon pouvoir aux actionnaires. Ce n'était pas conscient, cela s'est fait petit à petit. J'ai laissé l'actionnaire décider à ma place de petites choses, puis de choses plus importantes. J'ai fait tout ce qu'il m'a demandé de faire.

Je l'ai laissé m'imposer des objectifs financiers qui n'avaient aucun sens plutôt que de me tenir debout et de défendre les miens, que je savais réalistes.

J'ai promis des ventes de 300 millions de dollars et des profits de 20 millions.

J'ai fermé des divisions qui ne rapportaient pas assez vite au goût de mes patrons.

J'ai laissé partir de bons employés.

Je suis devenu autocratique pour sauver du temps.

J'ai caché de l'information à mes équipes.

Pourtant, aucun leader ne devrait laisser un actionnaire ou un patron lui dicter quoi que ce soit. Surtout pas les profits que son entreprise doit réaliser. C'est ma boîte, après tout. Mes équipes et moi savons de quoi elle est capable. Nous connaissons les risques, tandis que l'actionnaire, lui, n'en a pas la moindre idée.

Chaque décision que je me suis laissé imposer m'a éloigné de moi-même, de ce en quoi je crois. Je me suis enfoncé dans ma folie de conquête pour offrir au roi-actionnaire les territoires qu'il me réclamait : le Québec d'abord, puis le Canada.

Mais je ne suis pas une victime. Pas plus que mes collègues d'Adecco. Pas plus que les dirigeants d'Enron ou de Parmalat. Nous sommes tous les fous du roi, parce que nous aimons le regard qu'il pose sur nous. Nous voulons lui plaire pour pouvoir admirer l'image de nous-mêmes qu'il nous renvoie.

L'image du conquérant et du vainqueur.

⊙ ⊙ ⊙

Nous avons tout faux. Il faut cesser de donner la couronne à ceux qui l'exigent. Les aspirants patrons qui réclament le pouvoir ne devraient pas l'obtenir. Ils sont trop gourmands. On ne réclame pas le pouvoir, on le mérite.

J'ai toujours eu peur de devenir quelqu'un qui se sert, un affamé. J'en parle souvent à mon ami Serge Marquis, un homme d'une grande sagesse, qu'on surnomme « le médecin des organisations ». Ce spécialiste de la santé mentale s'intéresse en effet au stress en entreprise.

Je ne connais Serge Marquis que depuis le début de 2000, mais il est devenu mon confident. Ce printemps-là, nous participions tous deux à un colloque sur la reconnaissance à Sherbrooke. Linda Plourde, présidente d'Adecco Québec, et moi avons parlé les premiers. Puis vint le tour de Serge, qui annonça : « Pour la première fois, je n'ai rien à ajouter. »

Sa déclaration m'a bouleversé. Nos pensées se rejoignaient tellement ! Depuis, Serge et moi échangeons souvent sur le pouvoir et sur la détresse des dirigeants. Ensemble, nous cherchons des solutions pour élever le niveau de conscience des leaders, car la conscience engendre la responsabilité et permet de passer à l'action.

Serge me fait du bien. Il me rassure. Chaque fois que je lui confie ma peur de devenir un leader qui se sert plutôt qu'un leader qui sert, il sourit. Il m'assure que non, que je ne suis pas de cette race. N'empêche. J'ai honte de l'avouer, mais le pouvoir, le vrai, je l'ai voulu. Je ne pourrais pas être vice-président, je suis trop rebelle. Tant qu'à vivre dans une structure, dans une organisation, il faut que j'en sois le patron. Un patron dictateur. La dictature du bien, certes, mais la dictature quand même...

⊙   ⊙   ⊙

Je crois qu'une entreprise doit avoir une culture homogène et forte, et que ceux qui n'y adhèrent pas doivent partir. Il y a deux ans, lorsque j'ai pris la direction d'Adecco Canada, j'ai encouragé plusieurs cadres qui ne partageaient pas nos valeurs à partir. Je ne licencie jamais. Cette solution me paraît trop facile. Je ne réserve pas de mauvaises surprises aux employés ; dès que quelque chose cloche, je tiens à ce qu'on en parle.

Je suis peut-être un bon dictateur, mais, je le répète, je suis un dictateur quand même. Et pas un petit dictateur : le seul autre poste que je serais prêt à accepter dans l'entreprise est celui de président mondial. Non pas parce que j'ai le talent pour l'occuper, mais simplement parce que j'ai besoin d'espace pour agir. Bref, pour moi, c'est tout ou rien. Je ne peux pas être employé, je ne suis pas tolérant. Mais qui suis-je, moi, Rémi Tremblay, du Saguenay, pour dire des affaires de même ? Je me prends vraiment pour 10 !

C'est ça : je dois être président. Président d'entreprise ou de syndicat, mais président. Parce que j'ai besoin d'influencer le cours des choses. Un employé peut également agir sur l'évolution de son organisation, mais jamais de la même manière que le patron. Et c'est parce que l'influence du patron est grande qu'il doit savoir choisir ses leaders.

Chez Adecco Québec — filiale que j'ai dirigée pendant huit ans avant de prendre la tête de la filiale canadienne en avril 2002 —, nous avons une façon bien à nous de nommer les dirigeants. Par exemple, lorsque le poste de directeur du bureau de Sherbrooke est devenu vacant en 2000, nous avons demandé aux membres de l'équipe : « De qui voulez-vous relever ? » Ce sont eux qui ont nommé leur leader.

Ensemble, ils ont choisi Caroline, une femme chaleureuse au jugement sûr. Quand nous lui avons proposé le poste, elle a ri et a essayé de nous convaincre qu'elle n'avait pas les compétences nécessaires, que les enjeux étaient trop grands. Quelle humilité ! Mais c'est avec courage et générosité qu'elle a finalement accepté. Les membres de son équipe l'ont accueillie à bras ouverts. Ils l'ont aidée à faire du bureau de Sherbrooke l'un des plus performants du Canada.

Les attentes que nous avons envers nos leaders ont évolué. Pendant des années, nous avons reconnu les conquérants ; aujourd'hui, nous recherchons des leaders qui font preuve de grandeur d'âme, de conscience, d'humilité, de générosité et de courage. Ils sont rares ? Peut-être, mais ils existent. Robert Dutton, président et chef de la direction du Groupe Rona, est de ceux-là. À nos yeux, les meilleurs leaders n'ont pas la main levée. Ils *servent*.

C'est la même chose pour les actionnaires. Ils doivent mériter l'entreprise dans laquelle ils investissent, et non pas acheter n'importe quel titre de n'importe quelle société simplement parce que leur courtier ou leur beau-frère leur ont suggéré de le faire.

Je ne peux plus supporter la phrase : « Nous avons de la chance d'avoir des actionnaires, il faut les traiter avec égard. » De la chance ? Que Monsieur et Madame Tout-le-monde achètent un bout de notre entreprise et qu'en échange ils réclament un bout de notre âme, vous appelez ça de la chance ? Pour les contenter, pour assouvir leur avidité, nous devons présenter des rendements astronomiques, presser nos employés et nos fournisseurs comme des citrons, marcher sur nos principes, rationaliser, fusionner, mentir, maquiller, truquer.

Et qu'obtenons-nous en échange ? Des menaces et du chantage. De l'argent aussi, bien sûr, mais ces dollars, on les paie très cher. Les actionnaires menacent à tout bout de champ de nous larguer en vendant les actions de notre entreprise si nos cabrioles cessent de les amuser. Le roi-actionnaire a droit de vie et de mort sur nous.

Je bondis devant ces actionnaires, des êtres menés par l'ignorance ou la cupidité et qui, souvent, ne s'en rendent même pas compte. Les actionnaires n'ont aucune idée des conséquences de leurs exigences. Ils ne se rendent pas compte que, pour livrer les rendements annuels qu'ils réclament, les organisations licencient sans réfléchir et abusent ensuite des employés qui restent. Quels inconscients, ces actionnaires! Comment croient-ils qu'une société peut livrer année après année des rendements de 20%? Pour y parvenir, il n'y a pas 36 solutions: soit on pressure les ressources au maximum, soit on maquille les comptes!

⊙ ⊙ ⊙

L'autre jour, un ami m'a raconté une anecdote savoureuse, qui a eu lieu alors qu'il lunchait avec son père. «Tu travailles trop, mon gars, lui dit son père qui lui trouve un petit air fatigué. Il faut que tu te reposes, ce n'est pas bon, ces longues heures que tu fais. On n'a qu'une santé, il faut en prendre soin.»

La conversation se poursuit et les deux abordent une foule de sujets. Puis, le père se plaint des faibles rendements de ses placements. «Je veux du 20%, rien de moins. Et si mon conseiller financier est trop incompétent pour y arriver, je vais le congédier et en trouver un autre qui va s'arranger pour me donner ce que je veux!» Mon ami sourit, d'un pauvre petit sourire découragé. «Papa, c'est à cause de toi que je suis fatigué.» Le père fait le saut: «Comment ça, mon gars? Je suis toujours là pour toi. Je m'occupe même des enfants quand je peux.»

Mon ami s'explique: «P'pa, comment penses-tu que les entreprises où tu places ton argent arrivent à afficher des rendements de 20%? En abusant de leurs employés. En leur pressant le citron. Et moi, je suis un de ces employés ; je travaille pour une entreprise cotée en Bourse. Le fonds commun de placement que tu veux voir rapporter 20 % contient peut-être des actions de mon entreprise. Alors, chaque fois que tu cries après ton conseiller financier, tu augmentes la pression sur *mes* épaules. »

Le père écoute, étonné. Il ne fait pas le lien. Mon ami abandonne ; ce n'est pas aujourd'hui qu'il va changer son père, ni aucun autre actionnaire dans le monde. Ils se quittent après le repas et le père dit au fils : « Prends soin de toi, mon gars. Je vais appeler mon conseiller financier pour voir ce qu'il a à m'offrir comme bons *deals*. »

Chaque fois que je raconte cette histoire, les gens sourient. Mais je sais qu'ils pensent comme le père. C'est ça qui me décourage. Monsieur et Madame Tout-le-monde sont animés par le même désir de s'enrichir rapidement, et ils osent ensuite s'indigner des scandales financiers et du manque de probité des dirigeants. Pour qui se prennent-ils ?

Certains nous achètent et nous vendent sur Internet. C'est fou, quand même, ce qu'on peut faire dans l'anonymat. Comme sur ces sites où l'on peut rencontrer l'âme sœur ou trouver quelqu'un pour une aventure d'un soir. Et si Madame Brossard de Brossard venait nous vendre *en personne*, à mes équipes et à moi, ses 40 actions d'Adecco au lieu de le faire sur Internet ! J'aimerais tant qu'elle nous donne la possibilité de lui expliquer les valeurs de notre entreprise, qu'elle nous donne une chance de lui parler des employés qui ont cette boîte à cœur. J'aimerais tant qu'elle ne prenne sa décision qu'après nous avoir entendus.

Le futur d'Adecco se joue en partie dans l'anonymat que permet Internet. Rien que d'y penser me bouleverse. « Mais c'est la vie, mon petit Rémi », me dit-on. Je réponds : « Non. *C'est ce qu'on fait* de la vie. »

⊙ ⊙ ⊙

Qu'ils nous achètent sur Internet, seuls ou avec l'aide d'un courtier, la plupart des actionnaires n'ont aucune idée de ce qu'ils achètent. Ils ne connaissent à peu près rien des entreprises dans lesquelles ils investissent. Et certainement rien de ce qui compte vraiment pour elles. Ils achètent pour les mauvaises raisons et cela a des conséquences sur tout le reste.

Par exemple, ils ignorent à quel point Adecco Québec et Adecco Canada sont des entreprises merveilleuses, où nous avons développé le respect de l'être humain. Ils ignorent que leurs exigences nous forcent à piétiner nos valeurs, des valeurs que nous avons choisies parce qu'elles nous ressemblent. Nous avons un projet de groupe : approfondir notre compréhension de l'être humain. Certains le savent, parce que la presse d'affaires le mentionne, lorsque nous remportons un prix. Mais sur la totalité de nos actionnaires, combien sont au courant ?

Comment ces hommes et ces femmes réagiraient-ils si je les obligeais, jour après jour, à renier les principes qui fondent leur existence ? Peut-être doivent-ils déjà le faire eux-mêmes au travail. Peut-être chacun d'eux est-il à la fois bourreau et victime. Mais cela n'excuse rien.

Mes actionnaires ont entre les mains un joyau — je dirais même une œuvre collective — sur laquelle ils devraient veiller pour qu'elle prenne de la valeur, au lieu de l'abîmer par leur cupidité. Il n'ont pas compris qu'on ne réalise rien de valable dans le court terme. Ce qui a de la valeur se fait dans le *long terme*. Parfois même, il faut reculer pour sauter plus loin ou utiliser un tremplin pour sauter plus haut.

Nos actionnaires ne nous méritent pas. Nous devons donc faire appel à une nouvelle génération d'actionnaires. À des connaisseurs qui seront fiers des entreprises qu'ils possèdent, et cela simplement parce qu'elles sont magnifiques. Le rendement à long terme n'en sera que meilleur. Mais d'abord, ils auront été fiers. Combien de fois ai-je répété à la direction du Cirque du Soleil d'oublier la Bourse? N'ouvrez votre capital qu'à des gens qui vous admirent. Vous avez entre les mains un bijou, et ce bijou se ternira par la pression du court terme. Ne laissez pas votre folie s'éteindre ou votre liberté diminuer.

Imaginez un monde où les investisseurs s'intéresseraient vraiment aux entreprises dans lesquelles ils placent leur argent, qui les apprécieraient pour ce qu'elles sont et pas uniquement pour ce qu'elles font. Si, déjà, 50% des actionnaires d'Adecco aimaient vraiment notre entreprise, ils parleraient de nous à leurs amis, à leurs connaissances et, grâce à sa réputation, la société verrait ses affaires s'améliorer.

Je ne suis pas naïf, je sais bien que le propre d'une entreprise est de faire de l'argent. Et que les actionnaires achètent des actions pour s'enrichir, pour financer leur retraite. Mais je sais aussi qu'il est possible de faire des affaires autrement. C'est ce que je me tue à prouver depuis 15 ans. C'est pour cela que je ne veux plus de ces actionnaires qui se fichent de nous, de ce que nous sommes, de ce en quoi nous croyons, et qui exigent de la valeur. Pas notre valeur. Pas nos valeurs. Juste de la valeur.

Il y a trop d'abus. La couronne ne doit plus rester sur la tête d'un seul roi. Elle doit passer de tête en tête. Il est temps de comprendre que nous sommes tour à tour rois et valets. Patron, employé, client et actionnaire, nous avons tous besoin les uns des autres. Il faut apprendre à servir et à se laisser servir. Mais cela demande de l'humilité. Nous devons admettre que nous avons besoin des autres et que, contrairement à ce qu'on aime se faire croire, notre succès ne dépend pas uniquement de nous. Nous devons apprendre à jouer à la « couronne musicale ». Mieux : nous devons la faire fondre et nous en partager les joyaux.

Je ne savais rien de tout cela à 22 ans quand je suis devenu patron.

J'ai accepté le poste pour prouver à Philippe Foriel-Destezet, le grand patron d'Adecco, qu'il avait raison de croire en moi et que j'avais raison de croire en moi-même.

❷

Comment je suis devenu un fou du roi

Janvier 1989 à janvier 1999

J'ai 22 ans, je veux conquérir et convaincre. J'ai des choses à prouver et une estime de moi à bâtir. Conquérir et convaincre. Deux verbes qui commencent par « con ».

Con comme dans « je suis con ». Con comme dans « je suis contre ». Je suis con et je me bats contre les autres pour me tailler une place. Pour changer le monde, pour changer les autres. Je suis inconscient. Je ne comprends pas encore que la seule chose qu'on peut changer, c'est soi-même. Ça viendra plus tard.

Je n'ai pas terminé mon baccalauréat. Il me manque deux cours complémentaires que, par entêtement, je n'ai jamais suivis. Je serai donc un patron sans diplôme. Comment y suis-je arrivé ? Tout simplement parce que le dirigeant d'une grande firme européenne a pensé que je ferais un excellent fou du roi.

Tout commence par un stage d'été de quatre mois. J'étudie alors en admi-nistration des affaires à l'Université du Québec à Chicoutimi. En terminant le cégep, je m'étais inscrit à l'École nationale de théâtre, à Montréal. Mais, à la dernière minute, j'ai pris peur et j'ai changé d'idée. D'abord, j'étais amoureux de Sylvie et je ne voulais pas m'en éloigner. Et puis, soyons franc, mes parents n'étaient pas très enthousiastes à l'idée de me voir devenir un saltimbanque.

L'amour et la pression familiale me retenaient à Chicoutimi. Comme ma volte-face s'était faite tard dans l'été, la plupart des programmes universi-taires étaient complets. Il restait de la place en administration, c'est donc là que je suis allé. Chose certaine, pendant 10 ans, j'ai refusé d'aller voir tout spectacle. Je m'en voulais d'avoir tourné le dos au théâtre. J'ai eu un deuil à faire.

Mais revenons à l'université. Après trois années d'études et un bac com-plété à 95 %, je m'inscris à un stage d'été. Je rêve d'aller en Asie, car à cette époque débute ma quête de spiritualité. Je ne sais pas grand-chose encore, seulement que je suis attiré par l'Inde.

Finalement, je n'irai pas en Asie. Le seul stage disponible a lieu en France. La firme se nomme Ecco. Cet été-là, pendant mon stage, je tombe amoureux des gens d'Ecco, et cet amour est réciproque. Martine Vallet, ma patronne à Lyon, une femme déterminée mais sensible, me présente à toute la hiérarchie et finalement au président et principal actionnaire, Philippe Foriel-Destezet. Il a 52 ans à l'époque, 30 ans de plus que moi.

Notre première rencontre se déroule au siège social d'Ecco, une adresse prestigieuse, boulevard des Invalides, à Paris. Mais le décor est simple. Très vite, Monsieur Foriel-Destezet et moi entrons dans une relation d'égal à égal. Une sorte d'admiration réciproque. Je suis touché par son humilité et par l'intelligence qui jaillit de son regard perçant. Le président d'Ecco est un visionnaire qui rêve du monde pour son groupe. Il rêve aussi d'un pays qu'il a visité et adoré : le Canada. Il rêve à sa cabane, à la chasse, aux oies blanches, à la saison des couleurs et aux chansons de Gilles Vigneault. Il fredonne souvent « Mon pays, ce n'est pas un pays, c'est l'hiver... »

Et voilà qu'un jeune Québécois débarque, sac au dos, après un stage de quatre mois dans la filiale lyonnaise d'Ecco. Ce sac ne m'a d'ailleurs jamais quitté : aujourd'hui encore, je ne traîne jamais de valises, seulement mon sac à dos, symbole de la liberté. Le président et le rebelle... Dès notre première rencontre, le sort en est jeté. Je l'amuse. Je dis sans détour tout ce que je pense, sans aucune crainte de l'autorité. Facile, je suis né comme ça. Mon côté rebelle l'étonne et le déstabilise, il se laisse prendre au jeu.

Il m'appelle « Mon petit Rémi » d'un ton paternaliste. Je me laisse « paterner » parce que ce père me plaît. Il me valorise, il croit en moi. Il sent que j'ai beaucoup de choses à prouver et que je possède l'esprit batailleur qu'il faut pour arriver à mes fins. C'est probablement pourquoi cet homme, le patron de l'une des plus grandes firmes de recrutement et de placement de personnel au monde, demande à Rémi Tremblay, un p'tit gars du Saguenay au nombril pas encore sec (et sans diplôme), d'ouvrir le premier bureau d'Ecco en Amérique du Nord. Au Québec.

Avec ma feuille de route — mon CV contient des expériences en théâtre et en pastorale —, j'aurais dû aboutir partout sauf dans le monde des affaires. D'ailleurs, je ne sais toujours pas, au moment où j'écris ces lignes, en mars 2004, si j'y resterai toute ma vie. Peut-être qu'un jour, demain ou après-demain, j'irai du côté des arts. Ou de la spiritualité. Je trouve que les deux ne sont pas très éloignés l'un de l'autre.

Chose certaine, j'ai choisi les affaires parce que le président d'Ecco a cru en moi. À l'époque, j'en avais besoin. J'avais très peu confiance en moi. Il faut comprendre qu'enfant, puis adolescent, je me suis davantage réalisé à l'extérieur de l'école qu'entre ses murs. Or, c'est à l'école que la confiance se construit. Il aurait fallu que j'excelle en math, en chimie et au basket. Ce qui n'était pas le cas. Hors de cela, point de salut... On fait partie de l'élite ou pas. Je n'en ai jamais fait partie à l'école, d'où mon énorme besoin de reconnaissance. D'où mon saut dans le monde des affaires, parce que quelqu'un croit en moi, me donne confiance. Ça paraît simple, voire simpliste, mais c'est la vérité.

En creusant un peu, je pourrais dire que je n'ai pas vraiment abandonné le monde du théâtre, avec lequel j'ai flirté à l'adolescence. Du théâtre, j'aimais la scène et l'attention du public. J'aimais écrire des histoires et les mettre en scène. Le patron d'une entreprise est aussi sur une scène. Il est l'acteur principal d'une grande pièce. C'est une vedette à sa façon, une sorte de célébrité. Il donne des conférences et des discours. Il écrit parfois même des livres !

Je suis allé en affaires pour moi. Pour combler mon vide et assouvir mon besoin de réussite. Comme tout leader, tout entrepreneur, je suis porté par ma passion. Une passion très physique, guidée par l'instinct. Aujourd'hui, 15 ans plus tard, je réalise que sous ces pulsions se cachait aussi une mission. Je voulais réinventer le monde ; je n'ai donc pas non plus quitté mon côté pasto ! J'ai choisi le monde des affaires parce que c'est là que la vie m'a mené. « La vie, c'est ce qui arrive lorsqu'on a prévu autre chose », ai-je lu quelque part. En tout cas, le plus grand bonheur, selon moi, c'est de faire confiance à la vie. Elle nous mène là où l'on *doit* aller, plutôt que là où l'on *veut* aller. J'irais jusqu'à dire que la vie sait mieux que nous ce qui est bon pour nous. Depuis que j'ai joint Ecco, j'ai le drôle de sentiment d'être à la bonne place.

⊙ ⊙ ⊙

Il y a, dans le monde des organisations, une foule de possibilités de créer d'autres modèles de gestion. Les modèles existants ont sûrement des failles, sinon il n'y aurait pas autant de leaders et d'employés en détresse.

Je ne compte plus les confidences de dirigeants que je reçois. En 2001, nous avons créé chez Adecco Québec La Maison des leaders, qui accueille les patrons en réflexion. Aujourd'hui, La Maison des leaders a trois adresses : une à Québec, une à Montréal et une à Jonquière. Elle possède aussi des antennes au Canada anglais et en France.

J'ai imaginé ce lieu pour permettre le dialogue entre les leaders et élever leur niveau de conscience. Cela se passe sous forme de réflexion, d'activités et de coaching individuel. Il ne s'agit pas de donner des réponses, uniquement de susciter des réflexions. Les leaders qui se prêtent à cet exercice sont à la fois thérapeutes et patients.

La Maison des leaders, c'est la nouvelle génération des clubs privés. Mes prédécesseurs fréquentaient le Club Saint-Denis, à Montréal, ou le Cercle de la garnison, à Québec. Ces endroits *full jet set* nous conviennent de moins en moins. Ce sont désormais des lieux de transactions. On y va principalement pour brasser des affaires, pas assez pour se parler des vraies affaires.

Je me suis donné comme mandat d'ouvrir des Maisons des leaders dans toutes les grandes capitales du monde. Si vous saviez le nombre de leaders, de présidents, de sous-ministres et de cadres qui défilent dans nos maisons... Ce sont des gens forts, puissants, admirés, qui se sentent parfois seuls et désemparés. Des gens forts, puissants, admirés, qui y viennent aussi pour élever leur niveau de conscience, tout simplement.

C'est pour eux, et à cause d'eux, que je suis resté dans le monde des affaires. Je suis convaincu d'avoir une contribution à apporter au monde des organisations. Je veux prouver qu'on peut faire les choses autrement. Humainement. Au début, à 22 ans, je ne pouvais pas l'identifier clairement. Avec le recul, je réalise que si mes batailles et mes conquêtes ont été un peu égoïstes, si elles ont parfois servi mon image et mon estime personnelle, elles ont aussi permis de bâtir une entreprise différente où l'on considère les employés comme des êtres humains. Des êtres avec des forces et des limites, mais aussi avec des peurs, des rêves, des passions, des valeurs, des croyances, un talent, une mission. Ah! ce ne sont pas des êtres faciles. Ils se tiennent debout, ils s'expriment, ils résistent. Ils sont géniaux, mais pas faciles à gérer.

Je les comprends. Je suis comme eux.

⊙ ⊙ ⊙

Le modèle Adecco est souvent cité en exemple. J'ai construit une organisation différente ayant une culture différente. Une entreprise qui a clairement défini ce qu'elle est — ses valeurs, sa couleur, sa vision.

Adecco est un lieu où l'on s'accueille comme on est et où on se reconnaît dans son talent afin de pouvoir l'exprimer. C'est une organisation où on se fait confiance, où on se parle franchement, où on évolue. Un milieu qui permet à chacun de devenir une meilleure personne chaque jour. Mais ne vous méprenez pas. Au départ, ma vision d'Adecco Québec n'était pas aussi précise que cela. La mission et les valeurs ont émergé avec le temps, avec la maturité de son leader.

J'ai construit une organisation différente, mais je n'étais pas si différent des autres entrepreneurs. Je voulais une entreprise qui dure, qui me survive. Probablement un besoin d'éternité ou un fort déni de la mort. Ou simplement le désir qu'on reconnaisse ma contribution. Que je sois une sorte de héros.

Je peux difficilement expliquer mes motivations. Ce que je sais, c'est que je voulais que ma cause — cette organisation différente — se poursuive. J'ai longtemps cru qu'elle ne pouvait se poursuivre que dans cette boîte-là, ou mourir. Aujourd'hui, je n'ai plus besoin d'éternité. Je suis ailleurs. Je veux plutôt toucher les gens, contribuer à la vie par de petits gestes d'amour. Tout est *impermanent*, comme le disent les bouddhistes.

Si, demain, la crise que traverse Adecco éclabousse mes équipes au Canada et m'oblige à fermer boutique, je n'en mourrai pas. Ma cause non plus n'en mourra pas. Ce sera dommage, parce qu'Adecco Québec et Adecco Canada sont de belles entreprises, de beaux modèles, mais ce ne sont que des entreprises. Ce qui compte, ce sont les gens qui y travaillent.

Et si mes équipes étaient dispersées aux quatre vents ? Que nos employés aboutissent dans toutes sortes d'entreprises, ce sera peut-être tant mieux. Ils arriveront peut-être ainsi à semer notre culture ailleurs, à changer le monde des organisations, parce que leur passage chez Adecco les aura changés eux-mêmes.

Je n'aurais jamais parlé ainsi il y a 15 ans. Même pas il y a cinq ans. Il aura fallu que j'aille au bout de ma folie de conquête et de reconnaissance pour parvenir à nommer les choses. Il aura fallu que je tombe, que je souffre, que je réalise mes erreurs et que je me pardonne pour renaître. Il aura fallu que je m'affranchisse de tous mes faux besoins, de mes besoins gonflables, qui n'existaient qu'en fonction des autres et jamais en fonction de moi-même.

« Nous les aurons. »

« Nous les convaincrons. »

« Nous les planterons. »

« Nous sommes les meilleurs. »

« Nous sommes les plus rapides. »

Je ne pleure pas sur votre épaule. Je ne suis pas une victime. Je n'aime pas les victimes. Je n'arrive d'ailleurs jamais à les plaindre. En fait, je les condamne plus facilement que leurs bourreaux. Les bourreaux n'existent souvent qu'à cause du pouvoir que leur concèdent les victimes. Ces dernières sont aussi coupables de la situation que leurs bourreaux.

⊙ ⊙ ⊙

Nous sommes parfois lâches, très lâches.

Des histoires de fausses victimes, je pourrais en raconter des tas. Laissez-moi vous parler de Chantale, une employée de Léonard et Parisien, une firme de recrutement québécoise qu'Ecco Québec a achetée en 1995. Chantale était malheureuse chez Léonard et Parisien. Elle travaillait sous les ordres d'une vraie de vraie despote. Elle se disait victime de cette patronne. Au moment où Ecco Québec achète Léonard et Parisien, je promets à Chantale qu'elle ne vivra plus jamais cela, que notre boîte respecte ses employés, qu'elle les responsabilise. Elle est ravie. Vous savez quoi? Elle a détesté travailler pour Ecco Québec. Elle a fini par quitter l'entreprise.

Je l'ai revue plusieurs années plus tard. Elle était retournée travailler dans une organisation comme Léonard et Parisien, avec un patron aussi directif. Cette fois-là, c'était son choix. «Tu sais Rémi, mon passage chez Ecco m'a fait réfléchir. Je veux faire du 9 à 5, rien de plus. Je ne veux pas être impliquée, je ne veux pas connaître l'état des finances de l'entreprise et ses problèmes. Je veux juste faire ma job. » Chez Léonard et Parisien, Chantale se croyait une victime. Maintenant, elle sait qu'elle a choisi son sort. Elle comprend que cette façon de travailler lui convient. Comme Chantale, tout le monde devrait faire ce genre de prise de conscience.

Combien d'entre nous se plaignent de leurs dirigeants? On a les leaders qu'on mérite. Ceux qu'on choisit. Qu'il s'agisse d'un prof, d'un président d'entreprise ou d'un chef d'État. Lorsqu'on confie le pouvoir à quelqu'un, il faut en accepter les conséquences. On se plaint des politiciens, mais on les a élus et, en plus, on ne s'est pas présenté contre eux. On ne veut pas de la guerre, mais on élit George Bush. On veut qu'Adecco Canada entre dans le moule, mais on embauche Rémi Tremblay comme président. Quelle contradiction!

⊙ ⊙ ⊙

Je parle des autres. Mais moi aussi je me suis éloigné de ce en quoi je crois pour suivre mon instinct de conquérant. Comme je l'ai dit plus haut, je me pensais libre. En fait, j'étais dépendant de mes peurs et de mes besoins.

Le 9 janvier 1989, j'ouvre le premier bureau nord-américain d'Ecco, au 635, rue Grande-Allée Est, à Québec. Un local de 1 000 pieds carrés dans une petite maison centenaire au toit rouge. Je suis seul, je n'ai pas encore d'équipe. Tout est à faire. Il n'y a même pas le téléphone. Non seulement je suis seul, mais je suis coupé du reste du monde.

Ce jour-là, tandis que je me lance en affaires, on peut lire à la une du journal : « Début de récession ». Qu'est-ce que je fais ici ? Les pensées se bousculent dans ma tête. Quel acteur j'ai été devant le président d'Ecco. Comment ai-je fait pour être aussi convaincant ? Lorsqu'il m'a demandé : « Combien as-tu besoin pour ouvrir au Québec ? » j'ai répondu sans sourciller que 40 000 $ feraient l'affaire. Dieu que je tremblais derrière ma façade ! Ce chiffre-là, je l'ai lancé plus ou moins au hasard. Avais-je besoin de plus ? De moins ? De toute façon, je ne pouvais plus reculer : le fait que le président me demande la somme nécessaire au démarrage était une confirmation qu'il me donnait le poste.

Ce 9 janvier, je réalise que je lance la marque Ecco au Québec. En Amérique du Nord, merde ! Si je me trompe, j'abîme un nom prestigieux. C'est une grande responsabilité. Je me mets beaucoup de pression. Pour qui je me prends de penser qu'à 22 ans, sans expérience, je vais réussir à implanter une nouvelle marque au Québec ? J'essaie de me rassurer. Je me raconte des histoires. Ou ce sera un super-tremplin : imaginez si je réussis ! Sinon, je n'ai que 22 ans et mon patron est à Paris. J'aurai donc de bonnes excuses si j'échoue... Un peu tordu, non ?

« Je n'y arriverai jamais, je suis un gros *twit* d'avoir accepté. » Voilà ce que je confie à Sylvie, ma conjointe, en rentrant le soir à la maison. Sylvie est une fille pragmatique. Jamais d'excès, de la mesure. C'est probablement pour cela que je l'ai choisie, que c'est la femme de ma vie. Elle fait contrepoids à ma nature excessive.

Ce soir-là, elle répond à mes angoisses par la raison. Me dit que le président mondial d'Ecco doit savoir ce qu'il fait. Que ce n'est pas le premier pays dans lequel il ouvre une succursale. Qu'il en a vu d'autres. « Rémi, si tu ne te fais pas confiance, fais confiance à ton patron. » Je l'écoute. Je ne suis pas tout à fait rassuré, mais j'écoute.

Deux jours plus tard, nous allons chez mon oncle Claude, à Cap-Rouge. Claude est un entrepreneur, un bijoutier, et je l'admire autant que je l'aime. Je lui présente le projet Ecco Québec. Il réagit immédiatement : « C'est une super idée, ça va marcher, c'est sûr ! » Il est convaincu que le futur des entreprises réside dans le travail flexible, que les organisations auront besoin d'employés temporaires pour combler des besoins ponctuels. Exactement le service qu'offre Ecco.

Claude ne se contente pas d'être enthousiaste. Il me pose des tas de questions, comme « De qui as-tu besoin pour que ton projet fonctionne ? » Je ne vois que de la réussite dans son regard. J'ai encore peur d'échouer, peur d'avoir floué le président d'Ecco, de m'être joué de moi-même, de ne pas être la bonne personne. Mais je décide de croire Sylvie, de croire Claude et de croire en moi. Et je fonce.

Je me mets à recruter du monde. Des gens comme Linda Deschênes, mon adjointe et ma conscience, qui deviendra aussi la conscience d'Ecco Québec. Je me donne un territoire : le Québec. Et une mission : devenir numéro un dans mon secteur d'activité à l'intérieur de 10 ans. Mes concurrents, Kelly Services et Manpower, existent depuis 30 ans. Moi, en 10 ans, je jure de les aplatir. Et d'offrir le territoire conquis à mon roi.

Je me consacre à devenir meilleur. En fait, je travaille d'arrache-pied pour devenir *le* meilleur. Je lis *Le zéro mépris*, de Hervé Sérieyx, la bible de tous les gestionnaires au début des années 90. C'est le début de l'ère ISO, de l'obsession des normes, des processus, de la qualité totale. Imaginez la pression que je mets sur mes équipes !

À cette époque, tous les manuels de gestion parlent aussi du PODC — Planifier, Organiser, Diriger, Contrôler. Autant d'opérations où, moi qui suis profondément intuitif, je suis pourri. Mais qu'importe, je serai un patron irréprochable, coûte que coûte. Je travaille fort pour identifier mes faibles-ses, c'est tellement constructif ! Je passe tous les tests psychométriques qui existent sur le marché pour savoir ce que je dois améliorer. Je suis ridicule, mais je m'en fous.

Je veux devenir un patron parfait. Nous voulons tous être des patrons parfaits.

Toujours en 1989, je m'inscris à un cours d'initiation aux finances pour patrons, que donne l'École des hautes études commerciales de Montréal. Deux jours de cours pour me faire dire que « revenus moins dépenses égale profits ». Je comprenais déjà l'équation : en septembre 1989, Ecco Québec atteint son point mort. Au cours des neuf mois précédents, j'ai pu constater que trop de dépenses et pas assez de revenus égale des pertes !

Je veux être performant. Gagner. L'obsession de la performance n'est en fait que de la peur. Celle de ne pas être le meilleur. Nous sommes tous guidés par nos peurs, et surtout par celle-là.

Dans la vingtaine, pour gagner, je tente de développer toutes les compétences à la fois, même celles que je n'ai pas et que je n'aurai jamais. Ainsi, j'essaie très fort de devenir un être analytique. À tel point que j'en perds mon intuition. Nous avons tous les défauts de nos qualités : je ne suis pas analytique. Par contre, comme je l'ai dit, j'ai de l'intuition. Dès que j'ai voulu développer la première qualité, la seconde s'est éteinte. J'avais cessé de prendre des décisions, j'analysais tout, tout le temps !

Mais j'étais convaincu que mes équipes avaient besoin d'un leader analytique. Personne n'était dupe. Plusieurs années plus tard, dans un moment d'humilité, et après avoir longtemps cheminé, je finirai par avouer à mes équipes que je n'ai pas tous les talents. J'aurai alors droit à plusieurs sourires en coin. « Mais Rémi, on le savait. » (Merci beaucoup !) Puis, juste après, les mains ont commencé à se lever.

Linda Deschênes : « Tu n'as pas d'aptitudes pour les opérations concrètes, mais moi, c'est mon talent. Je vais te guider. »

Christian Lortie : « Tu n'es pas analytique, mais moi, je le suis. Je vais t'aider. »

Linda Plourde : « C'est vrai que tes attentes ne sont pas claires, mais moi, c'est ma force de clarifier les attentes. »

Après tout, chacun de nous naît avec un talent, peut-être deux. Comment peut-on croire qu'un dirigeant peut développer 22 compétences ? C'est peut-être l'effet des écoles de gestion et de tous ces cours pointus.

Je n'aime pas les écoles de gestion. Elles donnent des réponses mais ne soulèvent pas assez de questions à mon goût. Je croirai en elles le jour où elles permettront la connaissance de soi et la compréhension de l'être humain. Où elles aiguiseront notre jugement en fonction des principes fondamentaux de la vie et nous aideront à établir notre credo. Je croirai en elles le jour où elles nous apprendront à penser par nous-mêmes. Une fois, j'ai dit cela à Henry Mintzberg, professeur à l'Université McGill et auteur de nombreux ouvrages sur le management. Il a ajouté : « Pour devenir un bon leader, c'est mieux de faire un tour du monde que de faire un MBA. »

Malgré tout, je succombe à la tentation de me perfectionner. Il y a eu l'épisode désastreux du cours d'initiation aux finances, où j'ai appris que « revenus moins dépenses égale profits », mais, en septembre 2001, j'ai davantage de chance avec le cours « Complexité, conscience et gestion », de Mario Cayer et Marie-Ève Marchand, à l'Université Laval, à Québec. C'est probablement l'exception qui confirme la règle. Voilà un cours de gestion ! Voilà ce que doit être la gestion ! La gestion, à mes yeux, c'est l'élévation de la conscience. Selon moi, les réponses se trouvent davantage dans les livres de science, de psychologie, de philosophie et de spiritualité que dans les livres de management. En fait, les réponses, c'est en nous-mêmes qu'on les trouve.

Malheureusement, je n'ai pas pu terminer ce cours. Au printemps 2002, je deviens président d'Adecco Canada et je m'établis à Toronto. Dommage, j'aurais pu finir mon bac. Il faut croire que ce sera pour une autre vie.

⊙ ⊙ ⊙

Mais revenons au début des années 90.

Tandis que je progresse sur la voie de la perfection, Ecco Québec grandit. Et je m'apprête à frapper mon premier mur comme patron. Entre 1989 et 1999, j'en frapperai cinq. Des collisions brutales mais nécessaires, qui me permettront de me découvrir.

La première crise m'oblige à définir mes valeurs et celles de mon entreprise.

La seconde, à partager équitablement le pouvoir dans mon organisation.

À partir du troisième mur, frappé en 1995, les choses se gâtent. Obsédé par la conquête et le succès, j'écoute moins les autres. Je remarque d'ailleurs, en écrivant ce livre, que les crises ont été de plus en plus rapprochées. Pas de doute, l'étau se resserrait.

Je suis également de plus en plus fatigué de défendre l'identité de mon organisation, laquelle s'affine toujours davantage après chaque crise, de plus en plus épuisé de me battre contre mon groupe mondial, qui exige des compromis toujours plus importants au nom de la performance. Jusqu'à la crise fatale, celle de l'été 1999, dont je ne me relève qu'après deux mois et demi de convalescence, guéri et transformé pour toujours, car cette crise-là me permet de devenir un dirigeant libre.

Mais ne brûlons pas les étapes. Parlons d'abord du premier mur.

En 1991, Ecco Québec ouvre un bureau à Laval. Six mois plus tard, tous les employés démissionnent en bloc pour protester contre le style de gestion de la directrice. Je ne comprends pas. C'est le premier échec de ma vie de patron.

La directrice non plus ne comprend pas. « Rémi. Tu veux qu'on devienne numéro un, non ? Eh bien je fais ce qu'il faut pour qu'on le devienne. » Elle a raison. Elle fait ce que je lui demande de faire.

Je suis déçu de moi. J'aurais dû voir venir ce mur. J'ai nommé une directrice à Laval et je l'ai laissée faire. Au fil des semaines, j'ai reçu des signaux de l'équipe là-bas. On m'a dit que ça n'allait pas. Comment ai-je pu manquer d'écoute à ce point-là ? Les employés étaient mal à l'aise. « Rémi, nous avons accepté de traiter avec un client qui refuse d'embaucher des Noirs. » « Rémi, nous recrutons des employés pour des clients dont les lieux de travail sont dangereux pour la santé. »

J'ai fait la sourde oreille, je voulais tellement laisser d'espace à ma directrice. Je ne suis pas un patron interventionniste. Parfois, c'est un défaut. Quoi qu'il en soit, n'ayant pas écouté mes employés, je me sens coupable. En plus, cette démission en bloc, je l'apprends de la bouche de la directrice qui, dans le même souffle, m'annonce la sienne. Je suis furieux.

Une fois le choc passé, je me ressaisis et je rappelle toute l'équipe. Il faut qu'on s'explique. La crise du bureau de Laval me force à regarder la réalité en face : j'ai une mission — devenir numéro un au Québec —, mais les valeurs de mon entreprise ne sont pas bien définies. Je suis tellement pressé de conquérir, que j'oublie de me donner des points de repère. Jusqu'où suis-je prêt à aller ? Et à quel prix ?

Il est tellement facile de tomber dans ce piège : au nom de la performance et de la rapidité, ne pas se remettre en question. C'est tellement moins compliqué de se donner un objectif et de foncer. En fait, c'est plus simple à court terme, mais certainement pas à long terme.

En 1991, je pars donc avec mes équipes en retraite fermée à l'auberge Le Baluchon, à Saint-Paulin, en Mauricie, à la recherche des valeurs d'Ecco Québec. Les nôtres. Nous en retenons trois : l'intégrité, l'humain et l'action.

L'intégrité suppose la transparence. Nous nous engageons les uns envers les autres à la transparence pour ce qui est des résultats. Chaque équipe possède les états financiers de son bureau, ainsi que du groupe au complet. Rien n'est caché. Personne ne peut faire de magouille.

Intégrité aussi dans nos relations. Désormais, nous avouerons notre malaise à un client qui pratique la discrimination dans son processus d'embauche. Et, lorsque nous penserons ne pas être capable de satisfaire un client, nous le lui dirons.

Notre deuxième valeur, l'humain, implique le respect. Nous avons, par exemple, défini le minimum décent pour un salaire et des avantages sociaux dans chaque industrie. Et nous nous attendons à ce que les clients pour qui nous réalisons des mandats respectent ces planchers. Si un client refuse, nous ne placerons pas d'employés chez lui. Qu'il demande ce genre de chose à l'un de nos concurrents !

L'action maintenant. L'action, c'est l'intelligence de savoir inventer des solutions dans l'intuition du moment, et le courage de les appliquer rapidement, sans demander l'approbation de tout le monde. C'est aussi être en marche. Refuser de se laisser aller au confort. Se remettre en question et évoluer chaque jour.

Nous jurons de ne jamais nous éloigner de ces valeurs. Nous les inscrivons dans nos contrats, sur nos lettres d'embauche, sur les murs de l'entreprise. Nous nous mettons le bras dans le tordeur jusqu'au coude !

Quelques mois plus tard, nous regrettons presque d'avoir des valeurs. Une institution financière nous appelle pour nous demander de lui trouver 100 briseurs de grève (scabs). Elle prévoit une grève imminente et veut se préparer au pire. Pour honorer ce contrat, nous devrions marcher sur nos valeurs. Des scabs embauchés en douce, ça ne rime pas beaucoup avec intégrité ou transparence. Et puis, la vie de scab n'est pas de tout repos, elle comporte des risques physiques. Encore une contradiction avec une de nos valeurs, celle de l'humain. Nous sommes coincés. Refuser ce contrat nous ralentit dans notre projet de devenir numéro un. Mais l'accepter reviendrait à nier l'exercice que nous venons de faire.

Nous refusons.

Le risque est élevé de perdre ce client, un gros client. Il peut le prendre très mal, se sentir jugé. Sa réaction ? « Nous savions que vous alliez refuser. On va demander à vos concurrents, ils vont accepter. » Finalement, nos concurrents ont travaillé pendant des mois pour recruter les 100 scabs. Pour rien : la grève n'a jamais eu lieu. Et nous, Ecco Québec, avons perdu un contrat, mais pas le client. Il nous en a confié d'autres depuis.

En refusant, je n'ai pas jugé mon client. J'ai simplement respecté mes valeurs. Celles qui sont les miennes, les nôtres, à ce moment de notre histoire. En ayant donné des valeurs à Ecco Québec, je me sens bien. Je me crois à l'abri.

Mais je me trompe. Trois ans plus tard, je frappe un autre mur. Nous sommes en 1994. Je vous rappelle qu'en 1989 j'ai promis à mon roi de devenir numéro un dans mon secteur d'activité à l'intérieur de 10 ans. Bref, la moitié de l'échéance est écoulée. J'ai peur de ne pas y arriver. Je dois accélérer le rythme.

Ma peur me pousse à commettre la plus élémentaire des erreurs : au lieu de compter sur moi et sur mes équipes, je me tourne vers les autres. Je me fie à des consultants pour savoir ce qui se fait ailleurs. « Tout le monde le fait, fais-le donc. » Je copie aussi les modèles de « succès » des autres entreprises. C'est normal : tôt ou tard, tout conquérant finit par imiter ses ennemis, par adopter leurs tactiques. Lorsque les cabrioles du fou produisent moins d'effet sur le roi, il se met à copier celles des autres fous.

Un jour, le pdg d'une grande société québécoise me confie : « J'ai fait de la réingénierie parce que mes concurrents en faisaient et parce que j'avais peur de me retrouver en queue de peloton. Aujourd'hui je le regrette : ce n'était pas moi. » Maudites modes ! Il est urgent de se mettre à penser par soi-même.

En 1994, Ecco Québec inaugure son bureau de Sherbrooke. Le cinquième après Québec, Laval, Montréal et Chicoutimi. Il y a peut-être des économies d'échelle à faire. Je succombe à la centralisation. Sans consulter mes équipes, je rapatrie plusieurs services au siège social. Le marketing, les finances, le recrutement des employés permanents — autant de responsabilités que je retire à mes équipes pour les ramener à Québec. Le siège social met en œuvre des processus qu'il impose aux divisions.

Mes équipes se révoltent. Guy, le directeur du bureau de Sherbrooke, m'apostrophe : «Rémi, quand j'ai pris la direction ici, je pensais être Monsieur Ecco Sherbrooke. Là, tu me réduis au rôle de gérant de succursale. Je suis venu pour être un entrepreneur local, moi.» Ayoye !

Luc, à Chicoutimi, veut embaucher un nouvel employé. En vertu du nouveau modèle centralisé, le siège social de Québec participe au processus de sélection. On ne s'entend pas sur le candidat. Le siège social insiste : il faut recruter un joueur d'équipe. Luc répond qu'il a besoin d'un vendeur, de quelqu'un qui fait de l'argent, point.

Deux épisodes révélateurs. Cette fois, il n'est pas question de conflits de *valeurs*, mais bien de conflits de *pouvoir*. Ecco Québec a une mission et des valeurs, mais nous n'avons jamais établi comment le pouvoir devait être réparti.

⊙ ⊙ ⊙

Il me reste assez de jugement pour écouter mes employés. C'est d'ailleurs ce qui m'a toujours sauvé au cours de ces 15 ans. Écouter. Mes équipes ne se sont jamais résignées à se taire. Elles m'ont constamment confronté pour me faire voir mes incohérences. J'en souhaite autant à tous les leaders.

LES FOUS DU ROI

Il faut du courage pour critiquer son patron, c'est vrai. Mais si vous saviez dans quelle détresse la plupart des dirigeants se trouvent, peut-être oseriez-vous plus facilement leur rappeler combien ils se sont éloignés d'eux-mêmes.

Sauvé par le courage de mes équipes, qui ont osé parler, et par ce qu'il me reste de conscience, je retourne donc à Saint-Paulin avec ma gang. Cette fois pour parler du pouvoir et déterminer comment nous allons désormais le partager dans l'organisation. Résultat : nous décentralisons 80 % de ce que nous avions centralisé quelques mois plus tôt !

Mais tout n'est pas réglé. Un monde existe à l'extérieur. Un monde où se trouve notre direction mondiale. Bien que satisfaite de notre performance, elle trouve que les choses n'avancent pas assez vite. Le roi réclame son territoire, il veut qu'Ecco devienne premier au Québec, comme je l'ai promis. Il faut faire grimper notre cote, livrer du rendement à l'actionnaire. Attention, le troisième mur s'en vient...

En 1995, la direction mondiale exige que j'acquière mon concurrent, la firme Léonard et Parisien. Je refuse. J'invoque la différence de culture. Chez Léonard et Parisien, le pouvoir est concentré en haut. C'est une PME très hiérarchisée. Aucune information ne descend vers le bas. Chez Ecco Québec, le pouvoir est diffus. Les décisions se prennent en groupe et toute l'information est disponible.

Ces énormes différences me poussent à résister. J'insiste : Ecco Québec peut croître par elle-même. La direction ne me croit pas. On joue sur ma corde sensible, celle de tous les leaders : la peur. « Si tu n'achètes pas Léonard et Parisien, tes concurrents mettront la main dessus. »

Le monde des affaires est une jungle. Seul l'instinct permet d'y survivre. Mais survivre, ce n'est pas vivre. C'est vivre au-dessus de sa vie, pas dedans. C'est malheureusement ce que font la plupart des leaders : ils planent au-dessus de leur vie. Être dans sa vie, c'est vivre pleinement, autant ses joies que ses peines. C'est créer, suivre ses passions, ses émotions. C'est sentir, toucher, écouter, dire. C'est aussi souffrir et aimer. Être dans sa vie peut faire mal. Mais que c'est bon ! Les gens qui flottent au-dessus de leur vie, je les reconnais tout de suite, à leurs gestes nerveux et à leur voix trop aiguë. Ils sont tellement loin d'eux-mêmes. Je me suis éloigné moi aussi.

Un leader refuse de perdre parce que, dans la jungle, perdre, c'est mourir. Alors je cède. Une partie de moi veut sans doute acheter Léonard et Parisien, par ambition, pour voir mon pouvoir s'étendre. Après tout, je suis en pleine conquête. Mais cette acquisition est une erreur. À partir du moment où j'accepte de la réaliser, je commence à me mentir à moi-même.

C'est mon troisième mur. Le choc est moins spectaculaire, car, dans ce cas-ci, il n'y a pas de crise officielle. Les effets sont cependant tout aussi dévastateurs, croyez-moi. Et les dommages sont sournois. Comme il n'y a pas de crise officielle, je ne fais rien. Alors que, lorsque j'ai frappé les deux murs précédents, j'ai réagi.

À partir de 1995, je laisse la direction mondiale décider à notre place de ce qui est bon pour mes équipes et mon entreprise. Pire, j'adopte le langage des conquérants. Je veux du pouvoir. Chaque jour, je « relève des défis », je « surmonte des obstacles », je « dépasse mes limites ». Un peu plus et je sauverais des vies !

J'entre en guerre contre mes concurrents, mais aussi contre mes collègues. Je me bats contre les patrons des autres divisions nationales du Groupe Adecco. Nous sommes tous les fous du même roi-actionnaire, et nous nous déchirons pour savoir qui le satisfera le mieux, et le plus.

⊙ ⊙ ⊙

Le pouvoir est sournois.

Tout être humain qui se trouve à la tête d'un groupe de personnes peut se transformer en dictateur et abuser de son pouvoir. Ceux qui ne veulent pas du pouvoir, qui le fuient, sont parfois les pires. Souvent, ils se mentent. En fait, ce dont ils ne veulent pas, ce n'est pas du pouvoir, mais des responsabilités et de l'imputabilité qui viennent avec. La peur de perdre est grande chez eux. Mais peut-être pas autant que celle de réussir.

Nelson Mandela dit que les hommes ont davantage peur de leur côté lumière que de leur côté ombre. La réussite est lourde à porter. Lorsque vous avez réussi, vous devez demeurer à la hauteur. Il y a aussi la bonne vieille éducation judéo-chrétienne qui prône l'humilité, et qui vient faire interférence. Ce n'est pas « bien » de dire : « Je l'ai. J'ai réussi. Je suis bon. » Pour ma part, je commence seulement à pouvoir le dire. Et, chaque fois que j'ai l'impression de me vanter, j'ajoute : « Je me prends vraiment pour 10 ! » Cette expression me permet de me déculpabiliser.

Ceux qui recherchent ouvertement le pouvoir, qui sont fiers de le dire, sont convaincus qu'ils sauront comment l'assumer. Je suis de ceux-là. Enfin, je l'ai longtemps été. Aujourd'hui, c'est moins sûr... On verra bien ce qui arrivera une fois ce livre publié.

Vous l'avez peut-être compris à la lecture des pages qui précèdent, je suis un rebelle. Et c'est précisément pour ça que j'aime le pouvoir. Le pouvoir est l'espace que je me donne pour créer. Je n'ai aucune tolérance pour les environnements toxiques. Ma relation avec le pouvoir est simple : je suis un peu un extraterrestre, j'ai du mal à avoir des patrons. D'ailleurs, on m'aime bien, on me trouve *cute* et fin, mais la vérité, c'est qu'on ne comprend rien à ce que je dis. Mais bon, on me garde, parce que je livre la marchandise. Je suis un extraterrestre, pas un fou !

J'ai besoin d'être en position de pouvoir pour ne pas avoir à convaincre quiconque du bien-fondé de mes décisions. Je ne parle pas le même langage que mes patrons. Ça m'est impossible. Je n'ai pas d'arguments rationnels à leur offrir. Je leur dis : « J'ouvre La Maison des leaders. » Ils me demandent : « As-tu fait une étude de marché avant ? » Je rétorque : « Non. Je suis mon intuition. » Je suis las d'argumenter ! De toute façon, pour mes patrons, mes actes parlent d'eux-mêmes. Ils produisent des résultats, et cela, ils le comprennent.

⊙ ⊙ ⊙

Faire l'acquisition de Léonard et Parisien en 1995 était une erreur. En 1997, la direction mondiale nous apprend que, dans la foulée de la grande fusion entre Ecco et Adia, en Europe, il faut aussi fusionner Léonard et Parisien à Ecco Québec. Attention : voici venir le quatrième mur... Quel désastre! Je l'ai déjà dit, deux cultures ne pourraient être plus différentes. Léonard et Parisien vend du prestige, un nom, une image. Ecco Québec vend de la jeunesse et de l'authenticité.

Mais on fusionne quand même. De l'extérieur, assez curieusement à mon avis, on n'y voit que du feu. Remarquez, c'est normal. En affaires, une fusion est presque toujours vue d'un bon œil. Cela signifie que vous prenez de l'expansion, de l'importance, du poids dans votre secteur d'activité. John Bower, président d'Adecco Monde à l'époque, a d'ailleurs dit lors d'une rencontre à New York : « *Small is beautiful, but bigger is better.* »

Ah! toutes les économies d'échelle que l'on peut réaliser grâce à une fusion, sans compter les synergies. Le moral chute, mais les actions grimpent. Quel aveuglement! Si vous saviez la vérité derrière les fusions... Des parents qui décident de marier leurs enfants, c'est vieux comme le monde. Les fusions, ce sont des mariages arrangés qui servent les intérêts financiers des grandes familles. C'est exactement ainsi que j'ai eu l'impression que les choses se passaient : j'avais 20 ans et on me mariait avec une femme de 50. Une femme magnifique, c'est vrai, mais une femme de 50 ans, animée par les valeurs et la culture propres à sa génération.

Sur le coup, je me le suis juré : plus jamais de fusion. Une réaction excessive. Je suis un excessif. (Mais je me soigne...) Plusieurs années plus tard, je tente une seconde fusion. Et cette fois, je réussis. Nous sommes en 1998. Caroline, de Serplec, à Longueuil, me téléphone pour vendre sa boîte et la fusionner à Adecco Longueuil. Au cours de la première rencontre, les deux parties se présentent leurs états financiers en toute honnêteté. Pas de mariage arrangé ici. Bref, les deux entreprises se sont fréquentées et choisies avant de s'épouser. On signe un contrat de deux pages et le tour est joué. Avec Léonard et Parisien, le contrat faisait 100 pages !

J'imagine la tête de mes patrons à la lecture de ce qui précède. « Voyons, Rémi. Tu compares des pommes et des oranges. Léonard et Parisien était une société beaucoup plus grosse que Serplec. » Et puis ? Ce qui est vrai petit est aussi vrai plus gros. Il existe des principes fondamentaux, en affaires comme ailleurs. La réussite d'une fusion ne dépend que d'une chose : la cohérence des cultures.

C'est ce que je dis aujourd'hui. Mais, en 1997, je chante une autre chanson. Je me conforme à l'avis de la majorité. Et, même si je sais que cette fusion est une erreur, à partir de l'instant où elle est conclue, je passe à autre chose. J'avance, guidé par ma folie.

Mon roi, lui, est très heureux. Son fou conquiert tout le monde à chacune de ses apparitions. Adecco Québec (notre nouveau nom depuis la fusion) gagne des prix. Nous sommes sacrés « Jeune entreprise de l'année ». On me couronne « Cadre de l'année ». Mon roi (Adecco Monde) me remet même le President Award en Suisse. On m'invite à me joindre à des conseils d'administration. C'est la gloire. Je me retrouve sur toutes les tribunes. On capote, on ouvre de nouveaux bureaux.

Mais je suis inconscient. En cette année 1997, je gère une boîte trois fois plus grosse qu'avant la fusion avec Léonard et Parisien. De plus en plus de gens ont des attentes à mon égard. Mes employés se plaignent que les

« fusionnés » n'assimilent pas assez vite la nouvelle culture. Les « fusionnés », quant à eux, réclament plus de place dans la nouvelle structure. Je tente de respecter tout le monde. Je tolère. Avec le recul, je me dis que j'aurais dû imposer la culture Adecco. Une entreprise ne peut fonctionner avec deux cultures. Elle devient une famille reconstituée dysfonctionnelle.

En plus de la fusion à gérer, je dois contenter un patron qui s'impatiente. Il veut des résultats. Il veut satisfaire l'actionnaire. Des patrons, j'en ai eu! Christine, la financière carriériste; Al, l'entrepreneur; Terry, le bon gars; Debby, la reine; Philippe, le conquérant; Julio, la star; Aitor, le grand planificateur. Au cours des 10 premières années de ma vie professionnelle, j'ai eu deux patrons. Au cours des quatre dernières, six.

Seuls deux sont *à la fois* compétents, cohérents et éthiques. D'autres sont carrément ridicules. Je pense notamment à un autre leader, qui, lui, n'a jamais été mon patron, mais qui aurait bien voulu l'être. Cet homme-là est l'incarnation du rêve américain. La voiture décapotable, la villa, le look impeccable. Je le rencontre à Toronto au cours d'une réunion d'Adecco Canada. Il dirige alors une firme torontoise qu'Adecco vient d'acquérir.

Après la réunion, il m'invite à prendre un verre dans sa grosse villa. Là, il me propose d'être mon coach, une façon peu subtile de me dire qu'il veut devenir mon patron, que je devrais relever de lui. En fait, ce qu'il veut avant tout, c'est plus de territoire. Pour ajouter au ridicule de l'affaire, il mentionne, bien sûr, la grosse rémunération qui m'attend si je le suis. En quittant sa maison, je suis mort de rire. Quelle caricature!

Le problème avec tous les patrons que j'ai eus, c'est qu'ils m'ont tous demandé la même chose : « Combien tu vas ? » Pas un seul ne s'est soucié de savoir *comment* j'allais. Ils s'intéressent davantage à mes états financiers qu'à mon état. Mais les grands patrons ne sont pas les pires. Les plus nuisibles sont ceux qui, dans les grandes organisations, composent la couche intermédiaire. De vraies plaies d'Égypte ! Ils s'attribuent les succès des filiales, mais les échecs, bien sûr, ce sont les présidents nationaux qui en sont responsables. Belle imputabilité !

Je ne suis pas contre la hiérarchie, au contraire. Je considère qu'elle est nécessaire. En revanche, je suis convaincu qu'un patron ne devrait pas avoir plus de 12 employés sous sa responsabilité directe. Il y a un an, j'ai rencontré une infirmière qui venait d'avoir une promotion ; elle gérait 50 personnes. Pensez un peu au processus d'évaluation dont elle est chargée : 50 personnes pendant 52 semaines ! Dès qu'elle finit d'évaluer le dernier employé, elle doit recommencer avec le premier. C'est insensé ! Quand cette infirmière trouve-t-elle le temps de gérer ?

De toute façon, malgré tout le respect que je lui dois, elle n'aurait jamais dû être promue à mon avis. On a pris la meilleure infirmière et on l'a enlevée à ses patients pour en faire une fausse patronne. Comme on prend souvent le meilleur ingénieur ou le meilleur informaticien pour en faire un patron. Ensuite, pour l'aider, on lui présente un plan de formation sur mesure de trois ans.

Plusieurs processus de sélection sont par ailleurs dangereux et humiliants. On affiche un poste à l'interne, puis on demande aux employés intéressés de se soumettre à des tests psychométriques. On les confronte à leurs faiblesses pour leur dire qu'ils ne font pas l'affaire, sans leur expliquer pourquoi, et on les renvoie ensuite à leur poste. Qu'a-t-on fait? On a démoli leur confiance et leur estime d'eux-mêmes. Bref, on veut faire grandir les organisations, mais on attaque les employés dans leur confiance et leur fierté. Belle gestion des ressources humaines! Est-ce vraiment ce qu'on leur apprend dans les écoles de gestion?

Chez Adecco, on pratique plutôt l'auto-sélection. Pendant deux ans, Jean-François, le patron d'Adecco Synergie, division responsable du recrutement massif et des processus de sélection interne, a insisté pour qu'on intègre les tests psychométriques au processus de sélection. « Rémi, il nous faut des données », me répétait-il. « J'accepterai le jour où vous aurez développé et validé des processus qui préservent l'estime et la confiance, et favorisent la connaissance de soi », lui ai-je proposé.

Un an plus tard, il me présente son plan. Il a ajouté deux étapes. La première, *l'auto-réflexion*, se déroule avant l'évaluation. Pendant quelques heures ou quelques jours, le candidat réfléchit au poste qu'il brigue et à sa relation avec le pouvoir. C'est lui qui décide s'il souhaite devenir un dirigeant. On évite ainsi qu'il revienne à son bureau la tête entre les deux jambes s'il n'est pas choisi, parce qu'il décide lui-même de ne pas passer à travers le processus de sélection.

La deuxième, *la rétroaction*, a lieu à la fin du processus. Nous aidons alors le candidat à développer un regard plus précis sur lui-même et à comprendre le processus qu'il vient de parcourir, ainsi que la raison des choix qui ont été faits. En gros, nous profitons de ce moment pour *réaligner son talent*.

La moitié des aspirants se désistent à l'étape d'auto-réflexion. Comme Caroline, qui a posé sa candidature pour le poste de directrice du bureau de Chicoutimi. Au terme du processus, elle éclate de rire. « Comment ai-je pu vouloir ce poste ? Ce n'est tellement pas moi ! De plus, je n'ai pas cette énergie à offrir à l'entreprise en ce moment. » Fait intéressant, l'auto-réflexion permet à certains employés de réaliser qu'ils ne désirent pas vraiment de promotion. Tout ce qu'ils souhaitent, c'est être *reconnus*.

Adecco Québec valorise autre chose que les promotions. Nous avons revu notre concept de reconnaissance et notre échelle de rémunération. Par exemple, nous ne payons pas Linda Deschênes en fonction de son titre, nous la payons pour sa valeur, parce que c'est la conscience de notre groupe.

⊙ ⊙ ⊙

Je m'élève contre les processus de sélection conventionnels qui affectent l'estime de soi. Ainsi j'ai la conviction de protéger mes employés. Voilà : je suis un patron protecteur. C'est dans ma nature. Ma sœur est décédée lorsque j'avais neuf ans. Elle était l'aînée de la famille. J'ai grandi d'un coup. Depuis, je carbure à la responsabilité et à la culpabilité, celle d'être encore là tandis qu'elle est partie. Je me suis dit : « Rémi, si t'es encore là, aussi bien être utile. »

J'ai drôlement pédalé pour développer mon côté yang, histoire que mes parents ne se rendent pas compte qu'ils n'avaient plus de fille. Il m'a fallu des années pour briser ce cycle. Et je ne suis pas convaincu de m'en être complètement affranchi. À la mort de ma sœur, mon père et ma mère se sont enfermés dans leur douleur et j'ai pris soin d'eux. J'étais convaincu que, si je ne le faisais pas, ils mourraient.

Aujourd'hui, je veille sur mes équipes de la même façon. Pour elles, j'ai créé un cocon chez Adecco Québec, puis chez Adecco Canada. J'ai été un patron-rempart contre les exigences du roi. Ce que la direction mondiale a exigé de nous, je l'ai filtré. J'ai absorbé les chocs pour que mes équipes ne souffrent pas trop et évitent la mort, comme j'ai voulu éviter la mort à mes parents en les protégeant.

Pendant plusieurs mois, en 1997 et 1998, j'ai souffert de pharyngites à répétition, et mon dos s'est bloqué à plusieurs reprises. Bien sûr, ça n'avait rien à voir avec mon travail. J'étais sorti par -30 °C sans tuque et j'avais transporté des boîtes trop lourdes ! J'ai nié les messages que m'envoyait mon corps. D'ailleurs, je n'ai toujours pas développé cette conscience.

Aujourd'hui, je note que le patron que je suis ressemble à s'y méprendre au petit garçon que j'étais. Protecteur et conquérant, je livre bataille sur tous les fronts à la fois. Et peu importe que mes patrons soient incohérents, je tente de les satisfaire. Plus encore, j'essaie de compenser leurs faiblesses, comme si je n'avais pas assez des miennes. Parce que, je le répète, vouloir plaire au roi, c'est là la nature du fou. Et le roi sait comment s'y prendre pour que le fou fasse les plus formidables stepettes.

Combien en ai-je voulu à mes patrons de m'avoir placé dans des situations si déchirantes ! Ils ont exigé l'impossible d'Adecco Québec en échange d'une grosse prime pour son président. Nous ne sommes pas si loin de l'époque où Philippe V, roi de France, cherchait le moyen de s'attacher Geoffroy, son fou favori. Il décida enfin de lui confier une charge administrative rémunérée. À partir de ce jour, le fou devint officiellement le serviteur du roi. Le monarque régna ensuite sans entraves.

J'aurais pu craquer et accepter les primes de mon roi en échange de ses folles demandes. Mais je me suis protégé, de lui et de moi-même. Je me suis entouré de gens qui auraient rendu impossible, ou du moins très difficile, la manipulation comptable.

S'entourer de gens honnêtes, brillants, qui partagent les mêmes valeurs que soi est le meilleur moyen de se protéger de la tentation. Il faut savoir que la direction mondiale, à Paris d'abord, puis à Zurich (après la fusion avec Adia), n'a jamais demandé que je fasse vérifier mes chiffres. Plusieurs filiales d'Adecco sont contrôlées, mais Philippe Foriel-Destezet ne l'exige pas de la mienne.

C'est gentil, mais je préfère quand même une vérification dans les formes. Je m'en paie donc une. Mes collègues à la tête des autres divisions me traitent de cinglé. « Pourquoi fais-tu ça ? Ces honoraires grugent tes profits et, par conséquence, ta prime. » J'aurais pu si facilement me servir. Je savais qu'en coupant quelques emplois j'aurais atteint plus rapidement mes objectifs et obtenu une meilleure gratification.

Certains de mes collègues d'Adecco, dans le monde, ont succombé. Ils ont joué avec leurs résultats financiers. Ni vu, ni connu. Ils ont congédié sauvagement, sans prime de départ, pour économiser et améliorer leur bilan. Et après, ils ont vécu avec la culpabilité.

Il y a quand même des exceptions, des êtres humains d'une intégrité remarquable qui réussissent à monter dans les organisations sans se mentir à eux-mêmes. C'est le cas de Luis Sánchez de León, le patron mondial des ventes et du marketing chez Adecco. Mais pour un Luis Sánchez de León, combien de ces collègues qui m'appellent, sans que je leur aie rien demandé, pour soulager leur conscience ? Tous les appels se ressemblent. « Je ne me sens pas toujours en cohérence avec mes actions quotidiennes. Mais j'ai très souvent l'impression de ne pas avoir le choix. »

Ils se sentent coupables et veulent se justifier, soit pour des gestes légaux mais immoraux, soit pour des actes qui se situent à la limite de la légalité. Certains me disent : « J'ai l'impression que mes équipes ne m'estiment plus, qu'elles ne me trouvent plus cohérent. » La conversation déborde généralement sur leur vie privée. Plusieurs de mes collègues ont divorcé. J'ai, moi aussi, fait souffrir ma famille par mes absences. Mais on l'apprend vite : on ne peut pas séparer vie privée et vie publique.

Je ne jette la pierre à personne. Je comprends trop bien ce qui les a menés là. Le roi sait quelle musique jouer pour faire danser le fou. La prime, la grosse rémunération, la promotion, ça marche presque à tout coup. Le leader ramène les millions que lui réclame le roi-actionnaire, puis il empoche sa récompense et achète sa grosse maison. Aux yeux du public, il devient un héros. Il a réussi sa mission impossible : faire sourire le roi en échange de sa liberté.

Mais plus on monte, paradoxalement, moins on est libre.

⊙ ⊙ ⊙

La nouvelle des victoires d'un leader se répand toujours dans les royaumes voisins. Bientôt, il voit un autre roi-actionnaire venir le chercher. Peu de temps après son départ, son ancienne entreprise s'écroule. Normal, il l'a saignée à blanc pour satisfaire le roi. Pour lui livrer un rendement qui n'avait aucun bon sens. Et là, tout le monde déclare: «Voyez comme ce dirigeant était extraordinaire. Depuis son départ, l'entreprise est à la dérive.»

Qu'on attribue à un leader les réalisations qui ont lieu un an après son arrivée me fait rire. Même chose pour les échecs. En ce moment, on pointe du doigt Jérôme Caille, notre président mondial, comme étant le responsable du scandale d'Adecco. Merde! Il est en poste depuis à peine trois ans et il s'occupe de 68 pays. Pensez-vous vraiment qu'il savait tout ce qui se passait dans l'entreprise? Il ne faut jamais oublier que rien ne se produit dans le court terme. Rien.

On devrait toujours évaluer un dirigeant deux ans après son départ. Et pour savoir réellement ce qu'il valait, il faudrait aussi interroger ses équipes. Pas seulement ses actionnaires. Évidemment, rien n'excuse les leaders qui saignent leur entreprise pour bien paraître. Ils succombent au désir de plaire et à l'appât du gain. Mais je ne crois pas qu'ils s'éloignent d'eux-mêmes et de leurs valeurs en posant ces gestes.

Ils ne se connaissent tout simplement pas.

Pour savoir à quelle distance on se trouve de soi-même, il faut se connaître. Et, dans notre société en crise de foi, qui se connaît? Qui connaît ses valeurs? Avoir évacué toute spiritualité et ne pas se connaître est pratique. Cela nous permet de rester sur le pilote automatique. Toutefois, lorsqu'on se connaît, il faut faire des choix. Décider ce qu'on accepte et ce qu'on refuse.

Les leaders qui ne définissent pas leurs valeurs refusent au fond de faire des choix. Faire un choix est dur. Parfois, il faut licencier une vice-présidente performante, la meilleure, parce qu'elle manque d'intégrité. Ou alors conserver un employé, même s'il n'existe plus de poste pour lui. Ou bien encore refuser de servir un client parce que cela exigerait de renier ses valeurs. Définir ses valeurs, c'est choisir, et choisir, c'est perdre. Et dans le monde des affaires, personne n'aime perdre.

Pour ma part, je n'ai pas l'excuse de ceux qui ne se connaissent pas. Très jeune, j'ai fait le choix d'une certaine conscience qui m'a amené à développer ma spiritualité. C'est l'héritage de ma mère. De mon père, je tiens mon côté conquérant et entrepreneurial. Maman est en constante évolution, toujours en remise en question. À 73 ans, elle débute un bac en théologie. Elle qui a quitté l'école à 15 ans ! Je peux bien être un extraterrestre !

Mon credo ? Comme les autochtones du Québec, je crois que tous les gestes qu'on pose ont des conséquences pendant sept générations. Je pense aussi que *ceux qu'on ne pose pas* ont également des conséquences sur la même durée. Je crois en l'humilité. On ne sait pas tout. On ne peut pas tout. Les leaders ont besoin de leurs équipes. Je crois aussi en la générosité. Il faut arrêter de se servir et commencer à servir.

J'ai besoin de valeurs, de croire en quelque chose. J'ai un fond judéo-chrétien, comme tout bon Québécois, mais je ne me dis pas catholique. Je crois en Jésus et en ses enseignements. Mais je n'aime pas les structures, comme celles qu'impose l'Église. Je ne crois qu'aux relations entre les personnes. Je connais mes valeurs et, pourtant, j'ai réussi à m'en éloigner.

Je me croyais immunisé contre cette éventualité parce que j'avais crié mon credo sur la place publique. Parce que je m'étais compromis devant mes équipes. Cela ne m'a pas empêché de devenir incohérent, ce qu'on m'a finalement fait remarquer : « Rémi, tu nous dis qu'il faut savoir dire non au client, mais toi, tu lui dis toujours oui. »

À mesure qu'approche l'année 1999, l'échéance de 10 ans, au cours de laquelle je me suis engagé à faire d'Adecco Québec le leader du recrutement et du placement de personnel au Québec, je deviens de plus en plus autocratique. Pour sauver du temps, je prends de plus en plus de décisions seul, et mes équipes me le reprochent.

Avec raison, parce que cela ne me ressemble pas du tout. « Tu nous as toujours dit que nous avions de l'espace chez Adecco, et là tu prends des décisions sans nous en parler. » Mais je ne veux rien entendre. Je leur réponds d'arrêter de philosopher et d'aller vendre. J'avance trop vite. Je ne prends pas le temps de m'arrêter et d'écouter. Je ne prête même plus attention à mon corps. Je tombe de plus en plus souvent malade. Malgré ces signaux et les reproches de mes équipes, je continue de foncer. Adecco Québec progresse vers son objectif.

Mais le fou est fatigué. Il fait de moins en moins rire le roi. Et il se produit une étrange transformation : le fou *devient* le roi, ou du moins son représentant officiel, son intendant. Pendant les premières années d'Adecco, de 1989 à 1997, l'année de la fusion avec Léonard et Parisien, je suis l'égal de mes équipes. Peu à peu, dans ma folie de conquête, je me prends pour le roi. J'installe une distance entre mes équipes et moi. « Notre organisation n'a plus d'âme » : voilà le message que je commence à recevoir à ce moment-là, à travers ma folie.

Ma folie, ce sont mes excès, beaux et moins beaux. Je suis un obsessif. Je développe des fixations sur un sujet et je fonce. À cette époque, ma fixation, c'est la conquête. J'ai des œillères. J'avance seul, je regarde uniquement devant moi. Droit devant moi. J'accumule les petites incohérences. De petites gouttes qui s'accumulent, jusqu'au jour où mon sac à dos, trop plein, défonce.

Petit à petit, le fou cesse de dénoncer le pouvoir. Il en devient l'allié. Je m'achète un complet rayé, je noue une cravate à mon cou, et je m'étouffe avec. Vais-je pouvoir rapporter le territoire conquis à temps? Et après, qu'est-ce qui se passera? Je sais fort bien que mon roi ne se satisfera pas du Québec, il voudra ensuite le Canada.

Il n'y aura pas de fin.

⊙ ⊙ ⊙

Cependant, après 10 années d'efforts, je gagne mon pari. En janvier 1999, Adecco Québec devient numéro un du recrutement et du placement temporaire dans la province, au nez et à la barbe de ses concurrents établis depuis 40 ans.

Le roi jubile. Le fou remet le territoire conquis et il s'écroule.

Vidé.

Vide.

Rideau!

3

La chute du fou

Mai à juillet 1999

Je ne me souviens pas d'avoir célébré notre victoire.

Peut-être l'avons-nous fait, mais je n'en ai aucun souvenir. Je ne me souviens que d'une chose : l'envie de fuir. Je veux être ailleurs, loin de mes équipes, loin de mon entreprise, loin de mes patrons, loin de mes actionnaires. Mes équipes, elles, réclament un autre projet, tout de suite. « Maintenant que nous sommes numéro un, tu ne vas pas nous demander de nous lever tous les matins juste pour enrichir les actionnaires et augmenter le chiffre d'affaires et les profits ! »

Notre organisation a besoin d'un but qui transcende notre métier, quelque chose d'encore plus fou que le défi que nous nous étions fixé de devenir numéro un au Québec. Adecco Québec a beaucoup évolué en une décennie, et il nous faut un projet plus émotif. On parle souvent des cycles de vie d'un produit. Celui-ci est lancé sur le marché, il devient populaire, il atteint un plafond, puis il se vend moins, puis de moins en moins. Arrive ainsi le moment où il faut le remplacer par un autre, mieux adapté aux nouveaux besoins des consommateurs.

Selon moi, il existe aussi des cycles pour les projets. Certains types de projets correspondent à certaines phases de la vie d'une organisation. Un projet d'entreprise définit en quelque sorte celle-ci à un moment précis de son existence. En mai 1999, nous partons donc pour un autre Saint-Paulin, à la recherche de notre projet. Mais, pour la première fois, je n'ai rien à offrir. «Leader un jour ne veut pas dire leader toujours. Peut-être le temps est-il venu de vous trouver un nouveau dirigeant. » Je n'ai rien d'autre à dire à mes équipes.

La victoire devait me donner des ailes. Elle me cloue au plancher. Peut-être parce que je l'ai décrochée en me mentant à moi-même. Objectivement, je n'ai commis aucun crime. Je n'ai pas détourné de fonds, je n'ai pas manipulé mes résultats financiers. Ce que j'ai fait, cependant, aurait pu me conduire à ces crimes. La plupart des leaders qui fraudent commencent par se mentir à eux-mêmes et, après, ils mentent aux autres. C'est comme ça que ça se passe. Je le sais, ça fait 15 ans que je suis patron.

Je me suis arrêté à l'étape 1. Je me suis éloigné de moi-même au nom de la performance. Je suis devenu le premier dans mon secteur, mais je n'ai pas respecté toutes les valeurs auxquelles je crois et auxquelles mes équipes adhèrent. Le Rémi qui a triomphé, ce n'est pas moi. J'ai voulu plaire à mes équipes, à mes clients, à mes patrons et au roi. Pour cela, j'ai fait ce que conseillent tous les manuels de gestion et tous les séminaires de leadership : j'ai fait croire que je n'avais aucune faiblesse. C'était une erreur.

J'ai travaillé si fort à améliorer mes faiblesses que je les ai surmontées, ou plutôt camouflées. Du coup, j'ai cru que tout était parfait. Je gagnais, je devenais un dirigeant respecté et admiré. Un leader qui reçoit des prix et qu'on cite en exemple. Mais, à partir de 1997, lorsque nous avons fusionné avec Léonard et Parisien, la victoire est devenue de plus en plus difficile à savourer. J'ai déjà évoqué ces maladies et ces malaises à répétitions, ces signaux que mon corps m'envoyait et que j'ai ignorés. Comme j'ai ignoré les messages et les commentaires de mes équipes. « Rémi, où es-tu ? » « Rémi, notre organisation perd son âme. »

Je n'ai rien écouté. J'ai continué d'avancer, un peu sur le pilote automatique, obsédé par l'idée de devenir numéro un, de plus en plus fatigué, écrasé sous la pression de la performance et les attentes du groupe mondial, de mes équipes et de mes clients. Fatigué aussi de devoir constamment négocier avec le groupe pour défendre nos valeurs.

⊙ ⊙ ⊙

Dix ans de conquête. Dix ans à protéger mes équipes contre les exigences de la direction et la tyrannie des actionnaires. Dix ans à jouer sur deux tableaux à la fois. J'ai voulu être en même temps Rémi-le-conquérant, pour mes patrons et les actionnaires, et Rémi-le-patron-humain pour mes équipes.

J'ai voulu acheter la paix avec mes patrons en leur donnant du rendement. J'ai pensé qu'ainsi ils me laisseraient réaliser mon projet d'entreprise, celui que nous nous étions donné, mes équipes et moi : bâtir une organisation différente. Et ils l'ont fait. Ils nous ont laissé en paix. Mais le rendement, les profits, les luttes constantes et le stress en ont été le prix.

J'ai voulu tout avoir. Je pensais pouvoir trouver l'équilibre entre ma vision, mes valeurs et mes ambitions. Mais après 10 ans de ce régime, je suis épuisé. Et désemparé. À la retraite de Saint-Paulin, en mai 1999, mes équipes remarquent ma détresse et cessent de me réclamer une vision. Elles m'offrent plutôt le plus beau des cadeaux : du temps. « Va te reposer, Rémi. » En juin donc, je pars. Je quitte temporairement Adecco Québec. Je n'ai aucune idée de ce que je vais faire et je ne sais pas combien de temps durera mon absence.

Cet été-là, il fait beau et chaud. Je suis bien. En short et en t-shirt, je traîne dans les parcs de Québec. Un matin, je me retrouve chez Bagel Tradition'l, un café de la rue Maguire, à Sillery. Je m'assois à la terrasse au début de la matinée et j'écris l'histoire de mes 10 dernières années. Je veux comprendre ce qui m'est arrivé à partir du jour où j'ai mis le pied dans le bureau de Philippe Foriel-Destezet. Ça commence par : « Le 9 janvier 1989, dans un petit bureau de la Grande-Allée... » Lorsque je jette un coup d'oeil à ma montre, il est passé midi. J'ai écrit pendant plus de trois heures.

J'aime écrire. L'écriture permet de ralentir la pensée. On immobilise ce que l'on sent pour tenter ensuite, en relisant, de mieux le comprendre. Et ce que je ressens, ce jour-là, dans ce café de la rue Maguire, c'est de la colère. Je crache sur papier ma colère refoulée depuis 10 ans. J'en veux à tout le monde.

J'en veux à mes équipes pour tout ce que j'ai encaissé à leur place. J'en veux à mes employés d'avoir manqué de tolérance envers le personnel de Léonard et Parisien au moment de la fusion. Je leur en veux de ne pas avoir su les accueillir.

J'en veux aux employés de Léonard et Parisien de ne pas m'avoir fait confiance. Je leur en veux des regards qu'ils m'ont jetés. Ils m'ont trouvé jeune, rigolo, ben *cute* avec mon idéalisme; mais compétent? Je ne méritais pas cette méfiance, je n'avais rien fait pour mériter cette méfiance.

J'en veux aussi à mes patrons et aux actionnaires de m'avoir conduit si loin de moi-même. À ces patrons qui ne se sont jamais souciés de moi, seulement de ce que je pouvais leur rapporter. Qui ont toujours pensé que, parce que mon entreprise était performante, tout allait bien pour moi. Comme si un leader qui affiche des profits allait forcément bien. Mais ce n'est pas ça. Un leader qui va bien apporte assurément des profits, alors qu'un leader en détresse abîme tôt ou tard son organisation. En ce mois de juin 1999, je suis un leader épuisé. Et le premier coupable que je pointe du doigt est mon organisation mondiale.

En 1989, je suis tombé amoureux d'Ecco et des gens qui y travaillent. Une organisation magnifique, cohérente qui, d'une ville à l'autre, est animée du même esprit d'équipe, de la même culture. Des gens enthousiastes et responsables qui ont un fort sentiment d'appartenance.

Cette organisation n'existe plus depuis 1997. La fusion avec Adia, qui a donné Adecco, a tout gâché. Ce mariage arrangé, célébré en même temps que le mien avec Léonard et Parisien, a été aussi désastreux. Les cultures d'Ecco et d'Adia ne se sont jamais harmonisées. Aucune cohérence, que des luttes de pouvoir. Dès le début, les membres du conseil d'Adecco se sont déchirés, incapables de s'entendre sur une vision commune. Les choses en sont toujours au même point. Je dirais même qu'elles ont empiré depuis l'achat et la fusion de la firme Olsten.

Comment mes patrons ont-ils osé exiger de moi que je réussisse là où ils ont si lamentablement échoué? Ils m'ont demandé de fusionner harmonieusement les cinq marques composant Adecco Québec, soit Ecco, Adia, Léonard et Parisien, Olsten et Serplec, alors que leur fusion mondiale est une farce. Tous les leaders nationaux d'Adecco le savent depuis le début.

Chez Adecco Monde, le conseil est profondément divisé. Chacun est constamment aux aguets, prêt à écraser l'autre pour se retrouver seul au sommet. Adecco a laissé traîner cette lutte de pouvoir, qui est ensuite descendue aux échelons inférieurs. Car ce sont les leaders qui donnent le ton à une entreprise. Lorsque les leaders sont en guerre, cela se répercute sur toute l'organisation. Il y a deux clans, deux visions et deux séries d'attentes envers les leaders. Les gestionnaires nationaux, singeant ce qui se passe au conseil, à Zurich, font de la petite politique. Chacun protège son petit territoire et sa petite carrière.

Moi qui ne fais pas de politique et qui dis ce que je pense, je dérange. Certains de mes collègues et des membres de la direction disent que je ne « cadre » pas avec le modèle Adecco. Un modèle où le patron national doit établir les plans d'action en fonction des directives émises par le groupe mondial. Je suis différent. J'interroge le pourquoi de chaque directive.

Et puis, je ne suis pas très fort sur le contrôle et le *reporting*. Voilà pourquoi je m'assortis mal au modèle Adecco. Quand je travaillais pour Ecco, j'étais un bâtisseur de filiale. Adecco m'a transformé en gérant de ventes. Selon mes détracteurs, je ne « joue pas le jeu ». Mais ils savent aussi que je vois clair dans le leur. Ce ne sont pas le soi-disant laxisme des contrôles financiers internes et les abus qu'il a engendrés qui minent aujourd'hui Adecco. Ce sont les centaines de petites gouttes d'acide sulfurique qui sont tombées sur l'entreprise depuis 1997.

Mes collègues et moi sommes dirigés par des leaders qui manquent de maturité. Depuis la fusion, ils sont incapables de cohabiter, et aucun ne veut quitter l'entreprise. Ils continuent donc à se chicaner. Et le plus insultant, c'est qu'ils nous croient dupes, nous les leaders nationaux ! Pendant des années, j'ai essayé d'attirer l'attention de nos dirigeants sur ces problèmes. Dès le début, je me suis battu pour ne pas être rattaché à la division nord-américaine, dont je ne partage pas la vision. Adecco Québec a toujours flotté dans l'organigramme, refusant de se soumettre à quelque autorité intermédiaire que ce soit.

J'ai bien eu 10 patrons en 10 ans, mais je n'ai jamais vraiment relevé d'eux. Je m'explique. Ils étaient là, quelque part dans le décor, mais je ne leur ai jamais présenté mes résultats ; je n'ai jamais accepté de commentaires à ce sujet. Pour acheter la paix, mes patrons nord-américains et moi avons toujours entretenu ce flou. Eux voulaient garder la face, pouvoir croire que je relevais de l'Amérique du Nord. Moi, je refusais de me soumettre. On surnomme d'ailleurs Adecco Québec « les Gaulois d'Amérique »...

J'ai souvent fait part à Philippe Foriel-Destezet de mes inquiétudes sur la direction que prenait Adecco. Il m'a toujours écouté poliment, mais il n'a rien fait. En tout cas, je n'ai rien perçu. Aujourd'hui, il faut ramasser les dégâts. Nous avons cru que le temps arrangerait les choses, mais les choses ne s'arrangent pas d'elles-mêmes. Il faut agir.

J'ai fini par lâcher prise et par me tenir loin du groupe. J'ai boycotté les réunions mondiales pendant six ans, de 1997 à 2002. Je me suis replié sur mon organisation, avec mes équipes, dans notre cocon au Québec. Avec le recul, je réalise que c'était ma façon de conserver mes énergies pendant qu'Ecco et Adia fusionnaient. L'an dernier, j'ai fait un effort. J'ai participé à la réunion mondiale d'Adecco, à Barcelone, et j'ai constaté que rien n'avait changé. L'atmosphère était toujours extrêmement tendue. J'y ai retrouvé la même ambiance malsaine que j'avais fuie, mais en pire.

À cette occasion, on nous présente un spectacle inspiré des Jeux olympiques où l'on voit les têtes dirigeantes de l'entreprise se passer le témoin dans une course à relais. Je n'en crois pas mes yeux. Mais pour qui nous prennent-ils ? Jérôme Caille et Félix Weber n'ont qu'une envie, c'est clair : se tirer le témoin dans le front !

Dans la salle, personne n'est dupe. Voir les dirigeants ainsi, côte à côte, dans cette mise en scène grotesque me donne envie de hurler. Ils se détestent, ils sont constamment sur le pied de guerre, tout le monde le sait. Et tous les dirigeants nationaux sont victimes de leur haine. On essaie de les satisfaire tous les deux, l'un réclamant blanc, l'autre exigeant noir, et on se casse la gueule !

Je sais bien qu'Adecco n'est pas la seule organisation incohérente dans le monde. Mais le fait de savoir que c'est partout pareil ne réussit pas à me consoler.

⊙ ⊙ ⊙

Si un individu qui traverse des crises peut développer un cancer, il en va de même pour une organisation. L'incohérence est le cancer dont souffrent bon nombre d'entreprises, quelle que soit leur taille. Elle cache un mal plus sournois encore : **l'effritement de la confiance.** Les organisations ont des politiques incohérentes parce qu'elles laissent la confiance s'effriter.

La confiance est ce qu'une organisation a de plus précieux ; elle donne des indications claires sur sa santé et permet de déterminer sa longévité. Tout doit être mis en œuvre pour la préserver. Récemment, j'ai fait partie d'un jury. Plusieurs candidats ont défilé devant moi, chacun expliquant les raisons de son succès. Martin Tremblay, président d'Ubi Soft, s'est contenté de deux phrases : « Je dois mon succès à la confiance qui s'est établie entre le Canada et la France [où se trouve le siège social d'Ubi Soft]. Je dois mon succès à mes employés, qui se font confiance. »

⊙ ⊙ ⊙

Il faut encourager, susciter la confiance. Trop de leaders, trop d'employés ferment les yeux sur des gestes dévalorisants et discriminatoires qui minent la confiance. On fait semblant de ne pas entendre les paroles abusives, mensongères ou calomnieuses lancées dans les organisations. On a mieux à faire que de s'occuper de ces détails... Il faut avancer, produire, livrer. Surtout ne rien déranger, de peur que cela ralentisse l'entreprise dans sa course au succès. Nombre d'organisations vont jusqu'à se justifier de leur manque de transparence : « Il ne faut pas donner trop d'information aux employés. Il faut éviter de les inquiéter. Il faut les ménager. »

C'est fou ce qu'on tolère. Les jeux de pouvoir notamment. On commence par les tolérer, puis on finit par y participer. Parce qu'on veut se protéger. Chose certaine, l'effritement de la confiance s'opère graduellement, insensiblement. Je l'ai observé dans mon organisation. J'ai vu les employés se protéger toujours davantage les uns des autres. Pour moi, le plus bel exemple de méfiance, ce sont les copies conformes, que je déteste souverainement. Je ne peux supporter qu'un employé m'envoie la copie conforme d'un message destiné à l'un de ses collègues. Qu'ils s'arrangent entre eux, merde ! Pourquoi me mêler à cela ? La réponse est toute simple : parce que celui qui envoie le courriel n'a pas confiance en celui à qui il l'adresse. Et parce qu'il veut lui faire peur en m'informant de leur échange.

Fonctionner ainsi est malhonnête. Aussi malhonnête que ce qui se passe au-dessus de nous, à la direction mondiale d'Adecco, à Zurich. Là-bas aussi la méfiance s'est installée depuis la grande fusion de 1997. Les membres du conseil ne se font pas confiance. Les dirigeants régionaux se méfient des deux factions du conseil, qui se livrent une guerre constante pour obtenir le pouvoir. Les employés se méfient de leurs dirigeants nationaux, qui sont incohérents puisqu'ils essaient de plaire aux deux factions en même temps. Et bientôt, les vérificateurs, s'apercevant que la société est minée par des dissensions, se méfient d'Adecco. Ils se disent que ces luttes cachent peut-être quelque chose de sérieux.

La direction mondiale d'Adecco a manqué de courage et laissé s'effriter la confiance. Il fallait faire le ménage pour que cessent ces luttes de pouvoir. Il n'a pas été fait. Par peur du chaos, on a toléré, encore une fois; on a évité de remettre quoi que ce soit en question. La tolérance n'est souvent que de la lâcheté. Comme lorsque j'ai toléré la culture de Léonard et Parisien plutôt que d'imposer celle d'Ecco Québec.

Au nom de la tolérance, on banalise trop de choses cruciales. On perd notre capacité à juger de ce qui est important et de ce qui ne l'est pas. Dès la première pensée irrespectueuse, le premier geste inhumain, le premier regard condescendant, nous avons la responsabilité d'intervenir. Cette intervention doit devenir plus importante que tout le reste.

Je ne crois pas que nous ayons fait quoi que ce soit d'illégal. Ce sera évidemment aux auditeurs à nous le dire. Mais ce que les leaders d'Adecco ont fait « dans le cadre de la loi », en manquant d'éthique notamment, n'est pas moins grave. Il faut retrouver notre sentiment d'urgence et agir. Au lieu de nous concentrer sur notre créneau, nous devons retourner à notre credo. J'ai des valeurs, je crois en quelque chose. Ces croyances doivent être plus fortes que tout. Plus fortes que le contrat que je veux décrocher, plus fortes que le concurrent que je veux vaincre, plus fortes que le collègue avec qui je suis en guerre.

La plus grande faute des leaders est de tuer la confiance. Ou plutôt, de la laisser s'éteindre à force de tolérance. Voilà le drame de nos grandes organisations, et la cause de la plupart des maux qui les rongent. Notre tolérance nous perd. Comme tant d'autres organisations, elle a perdu Adecco, qui a laissé la méfiance s'installer. Cette méfiance a sapé notre estime, notre foi en l'avenir et notre sentiment d'appartenance. Notre organisation a vécu trop longtemps en désaccord avec ses valeurs. Tout comme moi. Voilà pourquoi je me suis écroulé en juin 1999.

◉ ◉ ◉

Je ne sais pas si j'ai fait une dépression. Je n'ai jamais reçu un tel diagnostic. Mais une chose est certaine : à l'été 1999, j'étais en détresse. Cette détresse n'a pas débuté du jour au lendemain. Elle s'est installée petit à petit. J'ai commencé par ressentir de moins en moins de plaisir.

Un conquérant, d'ailleurs, ne connaît que le plaisir, jamais le bonheur. Le plaisir, c'est physique, c'est instinctif. Tromper sa blonde procure du plaisir, pas du bonheur. Obtenir une promotion en écrabouillant un collègue procure du plaisir, pas du bonheur. Atteindre des objectifs financiers en licenciant des employés procure du plaisir, pas du bonheur. Dans chacune de ces circonstances, le bonheur est troqué contre un plaisir éphémère.

À mesure qu'il avance, le conquérant éprouve de moins en moins de plaisir. À la fin, il en perd jusqu'à la plus furtive impression. Il n'a plus le temps de jouir. Au cours des deux années qui précèdent le fameux été 1999, j'annule les Saint-Paulin annuels avec mes équipes. Cela les déçoit grandement. Mais j'arrive à les convaincre que c'est pour le mieux, que nous approchons de notre objectif et qu'il ne faut pas se laisser distraire.

C'est le signe évident que quelque chose ne va pas pour moi. Comment ai-je pu abandonner quelque chose d'aussi vital ? Les Saint-Paulin ont toujours été des moments privilégiés, pour moi comme pour mes équipes. Des moments de réflexion et de bonheur. Je me prive de ce bonheur. Je *nous* prive de ce bonheur, alléguant tout à coup que c'est une perte de temps. Je dis : « Nous devons vendre pour atteindre notre objectif, pas philosopher. » Je banalise ce qui était jusque-là si important.

Et puis, autre signal de détresse, je deviens incapable d'introspection. Je refuse de me poser des questions, j'avance. À partir de 1997, je ne suis plus tout à fait le même homme — je ne parle pas de l'image que je projette, mais de qui je suis vraiment, à l'intérieur. À partir de 1997, Rémi Tremblay, président d'Adecco Québec, l'une des plus grandes firmes de placement temporaire au Québec, se bat pour sa survie. Il est pris en souricière entre ses équipes, ses patrons et le roi-actionnaire.

À mesure que je règle une incohérence dans l'organisation, une autre surgit. Tandis que je me bats sur un front pour préserver les valeurs d'Adecco, je tente sur un autre de résoudre de nouveaux problèmes. Tout cela en tentant de demeurer dans les bonnes grâces de mes patrons et du roi-actionnaire.

J'essaie toutes les stratégies à la fois. Je l'ai dit et le répète : je me bats pour ma survie. Parfois, je confronte mes supérieurs, entre autres lorsque leurs demandes me forcent à m'éloigner de moi-même. Parfois, je leur mens. Enfin, c'est une sorte de mensonge : je leur cache certaines de mes décisions avec lesquelles ils ne seraient pas d'accord. À cette époque je comprends qu'il est plus facile de demander pardon que de demander la permission.

Parfois, je cède à la pression de mes patrons et du roi-actionnaire et je pressure mes équipes. Entre 1997 et 1999, je développe une obsession des ratios. Je veux des ratios pour tout... quand, finalement, tout le monde sait et moi aussi, que «revenus moins dépenses égale profits». Et je succombe à tout ce qui peut rapporter à court terme: les coupures, les marges réduites, etc.

J'ai vécu en sursis, de mois en mois. J'ai acheté du temps, donnant à la direction un bonbon à la fois. «Tiens, voilà un contrat de deux millions. Maintenant, laisse-moi respirer un peu.» Même si ce contrat, je l'avais obtenu à perte, en rognant sur mes marges et même si je savais que, deux mois plus tard, la direction commencerait à se plaindre de ma rentabilité. Et que tout serait à refaire.

⊙ ⊙ ⊙

Cet été-là, sur la terrasse de ce café de la rue Maguire, tandis que je passe en revue les dernières années de ma vie, je ne trouve d'abord que les autres à blâmer. Mes patrons, mes équipes, les actionnaires.

Après avoir blâmé tout le monde, après m'être vidé le cœur, une chose étrange se produit. Je me rapproche de moi-même. Du Rémi qui déteste les victimes, de celui qui pense qu'on a toujours le choix. Et dans ce moment de lucidité, je comprends que personne ne m'a forcé à tolérer, à vivre selon les directives de Zurich. J'aurais pu partir. Mais je suis resté. Sans doute parce que j'y trouvais mon compte.

Alors, ma colère, celle que j'ai contre les victimes, se retourne contre moi. Je dépose le sac à dos sous lequel je croule depuis des années. Je décide de le vider. J'entre dans quelque chose que je connais très bien, dans lequel j'excelle : la culpabilité. L'odeur qui se dégage de mon sac à dos est écœurante. J'y trouve tout ce que j'y ai laissé pourrir depuis 10 ans. Les échecs que j'ai balayés sous le tapis. Les divisions que j'ai fermées pour de mauvaises raisons. Les employés que je n'ai pas écoutés. Ceux que j'ai laissé partir sans leur demander pourquoi, alors que je sais que 80 % des employés quittent leur emploi à cause de… leur patron.

Tout cela est lourd à porter, exige de l'introspection, une remise en question. D'un employé qui part à un autre, il faut savoir faire des liens. Lorsque trois personnes s'en vont pour les mêmes raisons, un leader doit se poser des questions. Peut-être doit-il cesser d'embaucher des gens qui ont un certain type d'attente, car il ne peut les satisfaire. Pour ma part, je ne peux plus embaucher des personnes qui s'attendent à ce que je leur dise quoi faire. Je les rends malheureuses et inquiètes. J'ai aussi une pensée pour tous ceux que j'ai encouragés à partir sans leur donner trop d'explications. Je sais, c'est une pratique courante. Mais cela n'excuse rien.

Quelques années plus tard, alors que je suis devenu président d'Adecco Canada, notre responsable des ressources humaines congédie une employée avec qui elle a un conflit de personnalité. Elle envoie ensuite un message à tout le monde dans lequel elle explique que « le poste a été aboli et que cette employée est partie relever de nouveaux défis ailleurs ». Une vraie belle *joke*. Tout le monde au sein de l'organisation sait que c'est un mensonge.

Je suis en maudit. On ne se comporte pas comme cela dans mon entreprise ! La responsable des ressources humaines a bafoué l'une de nos trois valeurs, l'intégrité. L'intégrité signifie, entre autres, la transparence dans les relations avec les autres. Chez nous, on ne ment pas. Je ne me mets pas souvent en colère, mais là j'explose. « Pourquoi as-tu écrit ça ? » « Mais Rémi, me répond-elle candidement, tout le monde agit ainsi. » « Peut-être, mais pas chez nous ! »

Une amie m'a raconté que, dans son entreprise, la direction des ressources humaines conseille aux gestionnaires de congédier un employé en cinq minutes, le vendredi à 17 h. On appelle ça « terminer un employé ». Quelle expression épouvantable !

Pensez un peu à la douleur de ces personnes à qui on cache les véritables raisons de leur départ, ou encore à qui on ne dit rien. À qui on montre simplement la porte, par manque de courage.

Mon sac à dos déborde de toutes ces occasions où j'ai manqué de courage. Devant des résultats moins performants, en période d'investissement pour ouvrir un nouveau bureau, par exemple, alors que je transfère la pression sur mes équipes au lieu de l'assumer.

Mon sac contient aussi des situations contraires, où j'ai dû trouver du courage, malgré l'épuisement, et faire office de filtre entre le groupe mondial et mes équipes.

Mais cet été-là, plus les jours passent, et plus je me rends compte que je ne peux m'en prendre qu'à moi-même. Je n'excuse pas le comportement des autres, mais je remets les choses en perspective. Je ne suis pas une victime, j'assume mes responsabilités. J'assume tout ce que j'ai fait depuis 10 ans.

C'est dur. Je contemple ma pauvreté, mes limites. Je réalise que je ne peux pas tout faire seul, que j'ai besoin des autres. Les millions de compétences que j'ai essayé de développer, je ne les ai pas acquises. Suis-je vraiment à la hauteur de la reconnaissance qu'on me témoigne? Est-ce que je la mérite?

Je comprends à quel point j'ai failli, combien j'ai été incompétent. Plusieurs ne seront pas d'accord avec moi. Comment puis-je être un incompétent si mon organisation réussit si bien? On parle quand même d'une entreprise qui a connu 15 années de croissance continue! La réponse est pourtant simple. Mes victoires sont publiques, on en parle dans la communauté d'affaires, chez mes clients, parfois dans les journaux. Mes échecs, eux, sont restés privés. Je les ai vus dans les yeux des employés d'Adecco Québec, qui croyaient en moi. Qui m'ont suivi dans le projet d'entreprise que je leur ai proposé, et que nous avons réalisé ensemble. Mais à quel prix...

Je me sens vide. Pourtant, j'arrive à reconnaître que j'ai bâti une belle organisation. Nous avons réfléchi et nous nous sommes définis. Plus que dans n'importe quelle société. Malgré mes écarts, mes employés sont heureux. Voilà qui me console un peu. J'ai insufflé des valeurs à mon organisation. Je m'en suis éloigné en cours de route, par narcissisme, par esprit de conquête, pour plaire à mon roi, mais ces valeurs sont là, quelque part dans mes équipes.

J'imagine la détresse des leaders qui n'ont pas ma chance. Ceux qui ne peuvent pas regarder leur organisation et la trouver belle. Ceux qui la trouvent simplement rentable.

⊙ ⊙ ⊙

Mon purgatoire n'est pas encore terminé. Durant les semaines où j'écris mon bilan, je regarde de temps en temps travailler celui qui me sert le café au Bagel Tradition'l de la rue Maguire. Je rêve de prendre sa place. Je trouve son métier magnifique. J'ai de l'admiration pour ceux qui servent. Je me sens bien plus proche d'eux que du conquérant que j'ai été pendant 10 ans.

Mais j'ai encore besoin de comprendre ce qui s'est passé et de transformer mes échecs et ma culpabilité en expériences. Je trouve refuge à l'abbaye de Saint-Benoît-du-Lac, dans les Cantons-de-l'Est, pour boucler la boucle. Je m'isole dans le silence.

Rares sont les individus en crise qui supportent le silence; dans le silence, on se retrouve confronté à soi-même. Certains leaders en crise se jettent alors dans le mentorat. Quel fléau! Surtout lorsque le mentor a perdu son pouvoir, parce qu'il est à la retraite par exemple, et que cela lui manque cruellement. Le mentorat devient pour lui une façon de s'accrocher, de garder une main sur un bout de la couronne. Ce type de mentor ne souhaite qu'une chose : prendre le contrôle d'un jeune esprit et le façonner pour lui faire faire ce qu'il n'a pas réussi à faire. Que les succès du mentoré deviennent ses succès. Un prolongement de lui-même, quoi!

On devrait faire attention à ceux qui se proposent pour être mentors. Les seuls bons mentors sont ceux qui n'ont pas le temps de l'être. Ceux qui n'ont rien demandé et à qui on demande. Les autres, ceux qui n'aspirent qu'à ce statut, ne servent que leurs intérêts. Ils ont besoin qu'on les admire, qu'on les flatte, qu'on les idolâtre.

La relation mentor-mentoré ressemble souvent à une relation professeur-élève ou parent-enfant malsaine. Vous savez, ce type de relation où le parent pense qu'il sait tout et que son enfant ne peut rien lui apprendre. C'est ainsi qu'on tue la confiance des enfants, tout comme on anéantit la confiance des mentorés. Je ne crois au mentorat que s'il s'agit d'une relation d'égal à égal entre un mentor qui n'a rien à prouver, ni à lui ni aux autres, et un mentoré qui réalise qu'il a lui aussi quelque chose à offrir.

De toute façon, le mentorat a ses limites, même s'il se déroule dans les meilleures conditions du monde. On peut transmettre certaines compétences techniques, mais pas les compétences de gestion. Celles-là, on les acquiert en se brûlant, par essais et erreurs. Pas en suivant les conseils d'un dirigeant sur son déclin ou d'un leader en détresse. Le premier a besoin d'être idolâtré, le second d'être rassuré. Comment un leader en détresse, qui ne se comprend plus lui-même, peut-il aider et conseiller quelqu'un ?

Plutôt que de se jeter dans le mentorat, d'autres dirigeants en crise pratiquent la fuite en avant. Ils quittent l'organisation où ils commencent à se sentir mal pour en joindre une autre où, pensent-ils, ils pourront repartir à neuf. Ces leaders attendent peut-être que leur père ou leur mère meure pour laisser tomber leur air de conquérant. Parce qu'ils sont encore prisonniers de l'image qu'ont d'eux leurs parents. Tout comme ils sont prisonniers de l'image que leur renvoie le roi.

Vous remarquerez aussi qu'à mesure que le temps passe ces leaders demeurent de moins en moins longtemps en poste. Pourquoi? Parce que la dépression s'installe de plus en plus vite. Parce que ce qu'ils n'ont pas résolu pèse de plus en plus lourd. Parce qu'ils n'arrivent plus à avancer, tant leur sac à dos est lourd.

⊙ ⊙ ⊙

Je suis tellement heureux d'être tombé, d'avoir posé mon sac au lieu de continuer à le traîner d'entreprise en entreprise, comme le font trop de patrons. Mon passage à vide de l'été 1999 a été une bénédiction. Qui sait ce que je serais devenu sinon?

Je serais peut-être devenu amer. Ou dépressif. Ou tyrannique. Ou simplement absent. J'aurais flotté au-dessus de ma vie. Mais je ne veux pas flotter au-dessus de ma vie. Je veux sentir, souffrir, aimer. Nicolas Buttet, moine franciscain, dit d'ailleurs qu'il est tout à fait pertinent de tomber, de se casser la figure, même quand on est performant. « C'est là que l'on peut découvrir une nouvelle dimension dans l'existence, une délicatesse, une tendresse, parce que l'échec n'est pas la fin de tout. Il est une ouverture sur celui qui nous porte lorsqu'on n'est plus capable de se porter soi-même. »

Je ne dis pas que ces trois mois ont été faciles. Accepter ma colère, par exemple, a été extrêmement douloureux. Je ne vis pas très bien avec ce côté de moi. Dans ma famille, on ne tolérait pas la colère. C'est un sentiment qui ne s'exprimait pas. « On ne se chicane pas, on ne s'engueule pas ! Aimez-vous les uns les autres. » Maintenant que j'ai cheminé, je réalise quand même la beauté de ce message. Il faut s'aimer les uns les autres, mais il faut avant tout s'aimer soi-même.

Pour écrire ce livre, j'ai dû retrouver ma colère enfouie. Pendant plusieurs jours j'ai repoussé le moment d'aborder cet aspect de moi. J'y suis arrivé un vendredi après-midi. L'émotion est sortie d'un coup. Violente, brutale, comme si une digue sautait. Nous avons tous nos défenses, la négation de la colère est une des miennes.

Mais l'expression de cette colère a été essentielle. Elle m'a permis de passer à autre chose. De sortir du cercle vicieux de la conquête, duquel j'étais prisonnier.

⊙ ⊙ ⊙

Il a fallu que je blâme les autres, puis moi-même, pour comprendre que tout ce qui s'est passé, nous l'avons fait *ensemble*, mon organisation et moi. Comme dans le cas de la fusion avec Léonard et Parisien. Mes patrons me l'ont imposée, et moi je l'ai acceptée. Nous nous sommes trompés *ensemble*.

Du coup, la réalité s'est mise à peser moins lourd. Après avoir vidé mon sac de mes peurs, de mes échecs et de ma culpabilité, j'ai commencé à faire le ménage. J'ai trié. J'ai cessé de ne voir que mes faiblesses pour considérer aussi mes talents. Car j'en ai. Je les ai trouvés pendant mon passage à vide, en passant les 10 dernières années de ma vie au tamis. Une fois les peurs, les échecs et les déceptions passés, restaient mes passions et mon talent.

En fait, je connais mon talent depuis que je suis tout petit. Très jeunes, nous sommes tous proches de notre vrai talent. Avec les années, nous nous en éloignons, par conformisme. Pour ne pas être rejetés. Pour développer des compétences valorisées. Mais se conformer, c'est disparaître. Et, un jour, on n'en peut plus de ne plus exister, de ne plus être soi, d'être une sorte de copie de son voisin, qui lui-même est une copie de son beau-frère. On en veut au monde entier. En fait, on n'a que soi à blâmer : après tout, on a fait le choix d'ignorer son talent et de se conformer.

Moi aussi je me suis conformé. Je n'ai pas voulu de mon talent, qui consiste à voir le meilleur chez autrui. Depuis toujours, je vois dans les autres les qualités qu'ils ne perçoivent parfois pas eux-mêmes. Quand je rencontre un président d'entreprise, je vois un être humain. Et je pars à sa découverte. Et comme je consacre peu de temps aux faiblesses, j'arrive rapidement aux qualités.

D'ailleurs, je suis très mauvais en recrutement. Ce qui est assez étrange pour le président d'une grande firme de recrutement, j'en conviens. Mais c'est la vérité. Lorsque je rencontre un candidat, je ne prête attention qu'à ses talents. Je les embaucherais tous ! Je suis à ma place dans le monde des ressources humaines, ou plutôt des relations humaines, car je sais voir le meilleur chez les autres ; mais j'ai le défaut de ma qualité. Mes équipes ont travaillé très fort pour me rendre plus méfiant, pour que je cesse de vouloir recruter tout le monde ! Je n'y peux rien, j'ai beaucoup reçu de la vie, j'ai une grande capacité à aimer.

Enfant, adolescent et jeune adulte, j'ai détesté mon talent. Je n'en avais rien à faire. Je voulais être bon dans les sports et premier de classe. Ça, c'était valorisé à l'école. Je ne voulais pas être le « bon gars ». Alors je suis devenu un gagnant ! Je me suis conformé à l'image classique du président d'entreprise. J'ai porté des vêtements *dull*. J'ai lu des articles *dull*. J'ai vécu des choses *dull*. Je me disais : « C'est comme ça qu'il faut faire dans les organisations. »

Les entreprises font comme les individus. Elles se conforment, elles se copient. Et à force de se conformer, elles vivent ce que vivent les individus. Elles disparaissent. Elles n'ont plus de raison d'être. Alors elles s'en cherchent une. Elles veulent être différentes, spéciales, uniques. Il leur suffirait d'être authentiques. Les organisations et les individus se conforment pour se faire apprécier et être aimés, pour appartenir au groupe. Pourtant, ceux qui sont authentiques ont un pouvoir qu'ils ne soupçonnent pas.

Nous avons la responsabilité d'accueillir l'autre tel qu'il est. On a longtemps répété à ma mère : « Huguette, mon Dieu que tu es exubérante ! » Pauvre maman, elle a travaillé si fort pour éteindre cette folie en elle. Jusqu'au jour où son ami, le frère Couture, lui dit en souriant : « Huguette, tu es tellement exubérante ! » Et maman de demander : « Quoi, c'est un talent ? » Depuis, elle a réappris à s'émerveiller devant les petites et les grandes choses de la vie.

Quand je pense à toutes ces années où elle s'est éloignée d'elle-même, pour se conformer. Nous n'existons qu'à travers le regard des autres, c'est pour cela que nous devons faire attention au regard que nous posons sur les gens.

L'été 1999 tire à sa fin. Mon purgatoire aussi. Je commence à valoriser ce que je suis, plutôt que ce que j'ai réussi. Ce que je suis devenu comme être humain, plutôt que ce que j'ai réalisé. Où cela va-t-il me mener ?

4

Le fou retrouve sa passion

Août 1999 à mars 2004

Après deux mois et demi d'écriture et de silence, je me sens mieux. Je me suis retrouvé. En juin 1999, je ne savais plus qui j'étais. Trop de batailles, de compromis, de courbettes et de stepettes m'avaient épuisé. J'étais misérable. Je le répète, ce n'est pas parce qu'un leader passe pour un gagnant qu'il est heureux.

Si je me fie à mon histoire et à celle des patrons qui viennent se confier à La Maison des leaders, les organisations sont pleines de dirigeants en détresse. Ils sont en crise parce qu'ils se sont éloignés d'eux-mêmes. Parce qu'ils flottent au-dessus de leur vie. Parce que diriger une entreprise cotée en Bourse comporte d'énormes dangers, dont celui de faire n'importe quoi pour plaire au roi-actionnaire. Remarquez, on retrouve les mêmes pièges dans les organisations gouvernementales ou paragouvernementales, où le politique, souvent, supplante la cause.

Je ne le dirai jamais assez : il faut que cette tyrannie cesse.

Y mettre fin ne sera pas facile. On ne peut pas changer les autres. Je n'arriverais pas à changer la mentalité de milliers d'actionnaires d'Adecco, même si je les rencontrais un à un. À 22 ans, je pensais autrement. Aujourd'hui, je sais qu'on ne peut que se changer soi-même. Et c'est un processus complexe. Je peux en témoigner. Accepter sa détresse, comme je l'ai fait en 1999, exige un degré de conscience élevé. Et du soutien. Mes équipes m'ont aidé en me donnant le droit de me reposer pour réfléchir.

Je pense à tous ces patrons qui n'ont pas ma chance. Qui n'ont pas développé leur conscience et n'entretiennent pas de relations étroites et franches avec leurs équipes. Ils ne rencontreront jamais personne pour leur dire qu'ils sont loin d'eux-mêmes, qu'ils se mentent. Personne pour leur permettre de toucher à leur douleur. Personne pour les aider à guérir.

En 1999, j'ai vécu ma détresse. La colère et le blâme m'habitaient. Blâme des autres et de moi-même. Ce n'est qu'après les avoir identifiés, exprimés, expulsés que j'ai pu me pardonner d'avoir trop souvent sacrifié ma mission à mes ambitions. Après cette phase, je suis passé à la latence. Un état où on flotte. Où il ne se passe pas grand-chose.

C'est encore l'été, je traîne dans les parcs et les cafés. Je suis bien. On passerait facilement sa vie comme ça. Depuis deux mois, je suis comme sur un tapis roulant à l'aéroport. J'avance lentement, mais j'avance. Et je sens la fin du tapis approcher. Je vois se dessiner ma prochaine destination. L'idée d'ouvrir un petit café sur la rue Maguire m'effleure l'esprit. Mais ce n'est pas ma mission. J'ai encore des choses à accomplir chez Adecco.

Je réintègre donc mon poste de président chez Adecco Québec.

Mes équipes ont poursuivi leur travail. Les deux Linda — Linda Deschênes, mon adjointe et la conscience de notre groupe, et Linda Plourde, la responsable du développement et la gardienne de notre cohérence — ont tenu les rênes avec brio. Durant mon absence, les profits sont même meilleurs ! Mes équipes me confient : « Tout s'est bien passé, Rémi. Mais il n'y avait pas le rêve. Nous voir dans ton regard nous manquait. »

Pas un dossier ne traîne sur mon bureau. Tout a été réglé. J'éprouve un vertige en pensant à mon utilité. Mais je me dis que le présent d'Adecco Québec est si bien géré que je peux me consacrer à son futur, soit trouver ma prochaine mission et celle de l'entreprise. J'ai de nouveau confiance en la vie, je sens que ce projet émergera bientôt.

Je sais qu'il n'aura rien à voir avec la conquête. Car je ne suis plus ce type de leader. Je ne veux plus conquérir et convaincre les clients, je veux les comprendre. Et pour qu'ils s'ouvrent, je fais le premier pas. Je leur raconte mon passage à vide, sans rien cacher. Le résultat dépasse mes attentes. Mes clients me confient à leur tour leurs souffrances. Et nous entrons dans une relation d'intimité qui, bien plus que n'importe quel rapport strictement professionnel, est garante de succès. La confiance engendre la confiance.

Je me suis débarrassé de la peur qui me poussait à toujours vouloir conquérir. Je n'en suis plus l'esclave. Je n'ai plus peur, car je sais, et je l'avoue, ce que je vaux et ne vaux pas. Côté analytique, je ne vaux presque rien, mais côté intuition, je l'ai déjà dit, je suis dur à battre.

Je ne sais pas préparer une stratégie, mais je sais insuffler le rêve et mobiliser des équipes. Je suis incapable de fournir une définition de tâches claire ou dire quoi faire à un employé, mais je sais comment lui donner de l'espace. Je ne suis pas très présent, mais je suis toujours disponible. Et je m'attends à ce que les gens pensent par eux-mêmes.

J'apprends aussi à gérer les attentes. Les miennes à mon égard, et celles des autres à mon égard. Lorsque je ne peux pas en satisfaire certaines, je m'entoure davantage ou j'amène la personne concernée à s'entourer davantage.

L'heure est venue pour Adecco Québec d'un autre Saint-Paulin. Depuis celui de mai 1999, où j'étais vidé et épuisé, mes employés attendent le projet qui les fera vibrer, qui leur donnera envie de se lever le matin. J'ai trouvé ce projet. J'y ai pensé. Je suis prêt.

Je le présente à la fin de 1999. Je crois qu'Adecco Québec doit devenir une référence en terme de compréhension et d'évolution de l'être humain. Que notre organisation, plus que n'importe quelle autre, doit être un lieu où l'on développe la connaissance du monde. Vous trouvez que ça ne ressemble pas à une mission d'entreprise? Vous avez raison. C'est un peu utopique. Mais je vous le jure: plus le projet est utopique, plus l'aventure est passionnante!

Vous vous demandez peut-être aussi comment une organisation peut brasser des affaires tout en se consacrant à la compréhension de l'être humain. Sachez qu'au retour de ce Saint-Paulin, les affaires d'Adecco Québec n'ont pas seulement été florissantes, elles l'ont été *plus qu'avant*. Pensez-vous que le groupe mondial tolérerait notre mission si nous n'étions pas rentables?

Notre projet requiert cependant un peu de lumière, j'en suis conscient. Laissez-moi donc vous expliquer cette mission bien spéciale.

Suivant le modèle d'affaires courant, une entreprise offre un bien ou un service à un client qui le demande. Cela se fait avec peu de sentiments et un minimum de relations interpersonnelles. Moi, à partir de la fin de 1999, je décide que toutes mes décisions d'affaires reposeront dorénavant sur la compréhension de l'être humain. Je veux comprendre mes équipes, mes clients et mes fournisseurs pour pouvoir adapter mon organisation et mes pratiques en fonction de ce qu'ils sont. C'est la seule façon de connaître le succès à long terme. De réussir là où les autres sociétés échouent.

Selon moi, la plupart des gens cherchent un sens à leur travail. C'est pourquoi mon organisation est décentralisée et que mes équipes jouissent de beaucoup de pouvoir. Je considère aussi que mes clients sont des êtres humains, pas des contrats. Quand ils sont incohérents, je cherche à savoir ce qui se cache derrière leur incohérence. Car je sais que, lorsque je l'aurai découvert, j'aurai gagné leur confiance pour longtemps.

Je vous donne un exemple. Une cliente de Toronto terrifiait mes équipes. « Si tu savais Rémi, c'est un monstre. » Je vais donc la rencontrer. Elle est effectivement très bête. Nous sommes dans une grande salle de conférence, entourés de plusieurs de ses collègues. À la fin de la réunion, je traîne un peu, attendant que tout le monde parte pour être seul avec elle. Et je l'aborde. « Ça n'a pas l'air facile dans ta boîte. »

Elle me regarde et me propose d'aller dîner. Au restaurant, elle vide son sac. Me parle des jeux de pouvoir, de la pression et du stress. Je comprends que ce stress, elle le déverse sur nous chaque fois qu'elle nous confie un mandat. Parce que si nous nous trompons, si nous lui envoyons des candidats qui ne font pas l'affaire, c'est elle qui paie.

Son agressivité envers nous n'a pour ainsi dire rien de personnel. Elle n'en veut pas à Adecco, elle a simplement peur que nous la fassions mal paraître et qu'elle se fasse taper sur les doigts. À partir du moment où j'ai vu cette peur dans ses yeux, notre relation s'est transformée. Fini le climat d'affrontement. Maintenant, je la comprends et elle le sait. Nous travaillons ensemble à une cause commune. Je l'apprécie beaucoup, j'ai même appris à aimer son côté gripette !

Mon projet d'entreprise est simple. Comprendre l'être humain, ce n'est pas qu'une formule. C'est très concret. Et formidablement rentable. Comme dit Philippe Foriel-Destezet : « Mon petit Rémi, je ne comprends pas ce que tu fais, mais ça fonctionne. Alors continue. »

Mes équipes, elles, savent ce que je fais. Et elles me suivent. Remarquez, ce projet vient d'elles aussi. Je ne l'ai pas trouvé seul dans mon coin. Voici ce qui est arrivé.

Durant mon passage à vide, après un mois d'écriture et de réflexion, je décide de faire le tour de mes employés, avec mon éternel sac à dos, pour leur demander quel est leur plus grand rêve. Je pense trouver l'inspiration auprès d'eux, mais je reviens bredouille.

Je continue à flâner dans les parcs et les cafés. Puis, quelques jours plus tard, je me souviens d'une autre question que je leur ai posée : « Pourquoi es-tu encore chez Adecco Québec? Qu'est-ce qui te donne envie de rester? » Tous, sans exception, m'ont répondu la même chose : « Je suis encore là parce que, chez Adecco, j'ai évolué plus que dans n'importe quelle autre organisation. » Bingo! Je viens de trouver mon projet d'entreprise. Je n'aurais jamais pu revenir au travail sans un projet aussi significatif. J'étais allé au bout de ma folie de conquête. J'avais vécu cet excès à fond. Je l'ai, je crois, évacué.

La conquête ne me dit plus rien. Je me sens maintenant l'âme d'un explorateur. C'est avec cet état d'esprit que je propose à mes équipes de me suivre au Saint-Paulin de la fin de 1999.

⊙ ⊙ ⊙

Je pense l'affaire classée. Je me trompe.

Un an plus tard, j'ai l'impression que nous n'avançons pas assez vite. Je me confie à Christian Lortie, le directeur des ressources humaines, le sage du groupe. « Christian, je me suis planté, il ne se passe rien. Ce projet-là est trop capoté, les équipes n'embarquent pas. » « Tu te trompes, Rémi. Tout le monde travaille très fort dans les coulisses. Les gens se… » « Mais je ne suis pas patient! Ça ne va pas assez vite à mon goût. Je veux qu'on en parle. »

Un autre Saint-Paulin, et ça presse! Nous repartons pour deux jours. Le premier jour, je projette le film *1492*, racontant l'épopée de Christophe Colomb. Une musique grandiose joue pendant que Colomb et son équipage massacrent des autochtones. Une scène d'une violence inouïe. Mes employés sont sous le choc.

Je prends la parole : « Voilà les ravages que peut entraîner la soif de conquête. Mais Christophe Colomb n'était pas un vrai conquérant. C'était un explorateur qui a participé à la conquête de l'Amérique pour financer ses voyages et plaire à Isabelle 1re, reine de Castille. » Pendant 10 ans, nous avons été des conquérants. Nous nous sommes armés de boucliers pour combattre et nous protéger. Mais un bouclier est un écran entre deux êtres humains. Il empêche la proximité.

Pour réussir notre nouveau projet d'entreprise, la compréhension de l'être humain, nous devons déposer les armes pour que devant nous les boucliers se baissent. Un explorateur n'a pas besoin d'arme. Il doit changer de mentalité, retrouver son âme d'explorateur derrière son esprit de conquérant. Savez-vous quoi ? Aujourd'hui, en 2004, après trois ans d'exploration et de découvertes, Adecco Québec a conquis davantage de territoire qu'en 10 ans ! Comme quoi les meilleurs modèles d'affaires ne sont pas ceux qu'on pense.

Au cours de ce Saint-Paulin, nous parlons d'exploration, mais aussi d'intimité. Car notre projet suppose l'intimité. Comment l'établir ? Notre mandat quotidien — recruter du personnel temporaire ou permanent — exige de la rapidité. Les possibilités de développer des relations plus proches sont minces. Il nous faut donc créer d'autres lieux pour explorer l'être humain. Ainsi naissent Eclosia, un lieu d'échange pour nos équipes, Café boulot, pour ceux et celles qui se cherchent un boulot ou qui sont malheureux dans le leur et souhaitent réfléchir, et La Maison des leaders, dont je vous ai déjà parlé. Trois espaces dédiés à la réflexion et à l'intimité.

Quelque chose d'inespéré se produit. Malgré les obstacles que représentent le temps et la productivité, mes employés trouvent le moyen de devenir des explorateurs dans leur travail quotidien. Les gens d'Adecco Québec n'agissent plus comme avant avec les clients qu'ils rencontrent ni avec les candidats qu'ils interviewent. Auparavant, les entrevues étaient dirigées. Maintenant, tout débute avec une feuille blanche. On part à *la découverte* de l'interviewé.

⊙　⊙　⊙

Après ce Saint-Paulin, je plane. Pendant un an et demi, tout baigne. J'ai retrouvé ma place chez Adecco Québec et j'ai compris quelle était ma contribution. En fait, non. Je n'ai pas retrouvé ma place, j'en occupe une autre, plus riche. Mais cet équilibre s'apprête à être bouleversé. J'aurais dû m'en douter...

Mais, après tout, l'une des trois valeurs d'Adecco Québec, une valeur que j'ai choisie avec mes équipes et à laquelle j'adhère, c'est l'action. Il faut toujours être en marche et accepter de se remettre en question. C'est ce que je vais bientôt devoir faire.

En janvier 2002, le groupe mondial m'offre le poste de président d'Adecco Canada. Quoi? Quitter Adecco Québec? Partir maintenant, alors que j'ai retrouvé la sérénité? Pas question! Je refuse. Je n'ai aucune envie de recommencer à jouer au conquérant, et cette fois à la tête d'une organisation qui compte déjà 9 000 employés. Et de déménager à Toronto par-dessus le marché. Non!

Mes patrons reviennent à la charge. Je refuse de nouveau. Décidément, ils aiment le trouble... Donner une promotion au rebelle que je suis. Mais ils insistent. Troisième tentative. Cette fois, le président mondial, Jérôme Caille, me présente un nouvel argument : « Accepte, Rémi, tu as carte blanche. Ne le vis pas en conquérant, mets plutôt ta nouvelle mission au service de ce poste. »

Ses paroles me touchent profondément. Il y a sans doute des êtres humains à comprendre et à découvrir à Toronto... et dans le reste du Canada. Voilà qui m'inspire. J'ai une mission, et je peux la poursuivre partout où se trouvent des êtres humains. Je désire servir, servir le plus grand nombre de personnes possible. Et Dieu sait que les Canadiens ont besoin de ça !

Adecco Canada est une organisation en crise. Son siège social est à New York. Les employés ont beaucoup souffert de la fusion avec l'Amérique du Nord et de la centralisation qui s'est ensuivie. L'entreprise a perdu son âme, et le Canada est devenu le 51e État américain. J'arrive dans ce contexte. Je dois aussi ajouter qu'au printemps 2002 Adecco Canada perd un demi-million de dollars par mois. Perte de sens et de profits : on ne s'en sort pas, les deux sont liés.

De l'extérieur, depuis mon village gaulois d'Adecco Québec, j'ai beaucoup critiqué les leaders d'Adecco Canada. Je leur reprochais notamment de ne pas avoir résisté à la fusion. À tel point que ma conjointe, Sylvie, ne voulait plus m'entendre sur ce sujet : « Arrête de critiquer ou accepte le poste de président là-bas. » Et vlan ! J'accepte. J'accepte pour redonner espoir aux équipes d'Adecco Canada, pour leur prouver qu'il est possible d'être heureux au travail et de dominer un marché autrement.

Là-bas, je vis une petite rechute pendant quelques mois. Je m'achète de beaux complets rayés de banquier et je recommence à me prendre au sérieux. C'est le retour du conquérant. Au mois de juin, je vais donner une conférence au Capitole, à Québec. J'en profite pour faire un saut chez ma chère tante Francine, une femme passionnée, en quête d'absolu, comme moi. Et là, assis sur son divan, le lieu où je me sens le mieux au monde, je comprends ce qui est en train de m'arriver.

Je suis donc là, assis sur son divan IKEA, en complet rayé. Devant la fenêtre, un capteur de rêve, et sur la table, une sculpture autochtone composée de plusieurs petits personnages se tenant par la main et représentant le dialogue. Francine sourit. Un sourire plein d'amour, mais, aussi, narquois. Elle se moque gentiment de moi, de mon complet. Mais elle m'accepte comme je suis. Et j'ai soudain envie que mes équipes d'Adecco Canada me prennent aussi comme je suis.

Je slaque ma cravate et je reprends l'avion pour Toronto !

⊙ ⊙ ⊙

Je réunis mes équipes dans une grande salle. Elles ne savent pas ce qui les attend. Je lâche le morceau. « Je suis un visionnaire et un bâtisseur, pas un gestionnaire. Je ne suis pas analytique, je déteste préparer des stratégies. » Je continue de dresser la liste de mes faiblesses, de mes limites et de mes talents. Je présente mes valeurs, qui ne sont pas négociables, et mes rêves pour la boîte. Et je termine en posant une question : « Me voulez-vous comme leader ? » Je leur demande d'y réfléchir.

Deux ans plus tard, je peux encore décrire tous les visages autour de la table. Il y a cette vice-présidente qui n'arrête pas de rire et de murmurer des trucs à l'oreille de son collègue. Je ne pense pas qu'elle me déteste mais, pour elle, je n'ai aucune crédibilité.

Une employée est touchée par mes aveux. Prisonnière de ses modèles, elle ne bronche toutefois pas. Un homme regarde par terre, sachant que tout est terminé. Il n'y a pas de place pour lui dans mon organisation.

Un autre n'arrête pas d'entrer et de sortir de la salle. Il fuit. Certains ont des sourires compatissants. Une femme se met à trembler. Son visage se couvre de plaques rouges. Ma confession, mes paroles, mes valeurs, tout la confronte, la renvoie à elle-même. Personne n'est indifférent, et c'est normal. Le leader donne le ton. S'il sort les armes, on se sent obligé de sortir les siennes pour le suivre au combat. Et s'il enlève son masque...

Certains disent : « Enfin ! je peux enlever le mien. » D'autres protestent : « Je n'ai pas de masque ! » Chez les troisièmes, le masque est tellement soudé au visage que l'enlever est presque impossible.

Après cette confession, je vais mieux. J'ai passé le test. J'ai la preuve que mon passage à vide de l'été 1999 n'a pas été vain. Ces deux mois et demi, ainsi que tout ce que j'ai vécu avant d'en arriver là, m'ont changé pour toujours.

Je me sens libre. Je comprends enfin pourquoi j'ai refusé ce poste deux fois : j'étais terrifié à l'idée de perdre ma liberté retrouvée. Je sais aujourd'hui que, lorsqu'on l'a trouvée, on ne peut plus la perdre.

⊙ ⊙ ⊙

La peur occupe une grande place dans nos vies. Mais quelle est-elle au juste ? Je me suis longtemps posé la question. J'y ai beaucoup réfléchi avant de pouvoir, je crois, l'identifier. Je l'ai appelée « la peur de perdre ». Peur de perdre ma liberté. Mais, en grattant un peu, je me suis aperçu qu'il s'agissait d'autre chose, de la plus grande des angoisses en Occident : la peur de la mort.

La relation d'un Occidental avec la mort est tellement malsaine ! On enterre ses morts en deux temps, trois mouvements. On ne sait plus les pleurer. Il faut que ce soit le plus bref possible. Et il y a aussi tous ces deuils non vécus : licenciement, divorce, fusion, etc. (En passant, ne soyez pas surpris de me voir un jour à la tête d'une chaîne de salons funéraires ; tout ce rituel est à réinventer.)

Si mes parents ne s'étaient pas donné le temps et le droit de pleurer ma grande sœur, ils seraient morts eux aussi. Ils auraient développé un cancer ou je ne sais quelle autre maladie. Ma mère n'a pas parlé pendant des mois. Pas un mot. Pas un son n'est sorti de sa bouche. Elle a abîmé ses cordes vocales à force de retenir sa peine. Puis, elle a cessé de nier sa douleur pour la laisser monter. Elle a touché à sa douleur. Elle a décidé d'entrer dans sa vie. De vivre plutôt que de survivre.

Pour accueillir la mort, il faut beaucoup de conscience. La conscience, c'est l'éveil. L'inverse de l'aveuglement. C'est l'accueil et l'acceptation. Le contraire du déni et du refus. Notre premier réflexe face à la mort, c'est le déni. Plusieurs restent d'ailleurs dans cet état d'esprit. Pour repousser la douleur. Mais je suis persuadé que guérir notre relation à la mort nous permettrait de guérir notre relation à la vie. Chaque chose trouve en partie son sens dans son contraire : le mal et le bien, le noir et le blanc, la vie et la mort.

Nous, Occidentaux, ne voulons pas faire la paix avec la mort. Nous voulons l'éviter. La mort elle-même, évidemment, mais aussi toutes les petites morts quotidiennes. Une partie de la réponse se trouve peut-être dans le bouddhisme, qui enseigne que rien n'est permanent, ou dans le catholicisme, qui parle d'un « paradis à la fin de nos jours ».

L'autre façon de faire la paix avec la mort est d'accepter la douleur, de lui redonner un sens. Un peu comme l'a fait ma grand-mère, qui vivait avec nous lorsque j'étais petit. Un jour, j'entre dans sa chambre et je la surprends en train de bercer sa jambe, qui doit bientôt être amputée. Je me dis : « Ça y est, grand-maman perd la boule. » Doucement, je lui demande : « Que fais-tu ? » « Je la berce », dit-elle. (Sa réponse confirme mes craintes : grand-maman perd l'esprit ! Pourquoi berce-t-elle sa jambe ?) « Je ne berce pas ma jambe, je berce ma douleur. Je l'accueille. »

Quel courage. Quelle conscience ! Grand-maman avait cessé de lutter contre sa souffrance pour l'accueillir. À partir de ce jour, ma façon de voir la douleur n'a plus été la même. Je sais qu'elle peut être utile, qu'elle fait partie de la vie.

Pour éviter la mort, on vit à moitié. On s'empêche de vivre. On ne remet rien en jeu, rien en question. Comme les membres des conseils d'administration de toutes ces entreprises en crise dans le monde capitaliste. Ils ne font rien, ils tolèrent, de peur que quelque chose leur éclate au visage et les « tue ». Ils ont peur du chaos, ils craignent de bouleverser leur faux équilibre. Alors ils perpétuent la loi du silence.

Devenir patron est une façon de fuir la mort. Je ne peux plus mourir, se dit le leader, puisque je détiens le pouvoir. Je peux embaucher et licencier. Je suis puissant. Plus puissant que la mort.

Un patron peut mettre les têtes à prix, comme à l'époque du Far West. C'est ce qui arrive chez Adecco. Depuis février 2004, la tête de Jérôme Caille, le président mondial, est mise à prix par le roi. Ce roi, c'est la famille Jacob, le deuxième plus important actionnaire d'Adecco.

Si les audits d'avril ne sortent pas, Klaus Jacob offre Jérôme en pâture aux actionnaires pour les calmer. Messieurs, dames, ne vous en faites pas, voici le responsable de tous les maux. Nous nous en débarrassons et tout va bientôt rentrer dans l'ordre. Quelle lâcheté !

Nous savons tous qu'il n'y a pas UN responsable de la crise : nous sommes TOUS coupables. Mais bon, il semble que ça prenne un bouc émissaire. Voilà qui fait réfléchir sur le pouvoir qu'on accorde aux leaders. On leur place une carabine dans les mains. Comment choisir ceux à qui on remet la carabine ? Il existe des tireurs d'élite et des tireurs fous. Pensez aux patrons qui font de la réingénierie sauvage, qui licencient des milliers de personnes. Ce sont des tireurs fous.

Ces leaders n'ont absolument pas conscience qu'ils tirent sur des êtres humains. Ils se retirent derrière des portes closes avec leurs financiers et déplient sur leur table des organigrammes sur lesquels ils font des croix. D'un trait de crayon, ils assassinent des dizaines, des centaines, voire des milliers d'employés.

Ces tireurs fous décident de « dégraisser » ou « d'alléger » l'organisation, puis ils demandent à la direction des ressources humaines d'exécuter leurs ordres. Ce qu'elle fait. On sous-estime l'apport des personnes qui occupent ces postes ; on regarde seulement le titre des postes, on oublie les personnes.

Et moi, entre les mains de qui ai-je placé une carabine ? À quel genre de leader ai-je fait confiance ? Je me sens à l'aise avec tous mes dirigeants, sauf trois. Le premier souffre d'un fort sentiment d'insécurité et pourrait bien tirer par pur instinct de survie, sans réfléchir. Le deuxième ne réalise pas que sa carabine est chargée. Quant au troisième, il est rongé par la colère.

À tous les leaders, je dis : « Prenez garde à votre pouvoir. Il suffit qu'une trop forte détresse vous envahisse, qu'elle prenne trop de place, pour que vous fassiez de grosses bêtises. Vous avez le pouvoir de tuer. » Certains employés sont plus résistants que d'autres, il faut plusieurs balles pour en venir à bout. Pour d'autres, par contre, une seule suffit.

Moi aussi je suis armé. Vous pensez peut-être que ce livre est un acte kamikaze. Je ne crois pas. Il représente plutôt ma dernière tentative pour changer les choses. Le Groupe Adecco est en crise. Comme je l'ai été à l'été 1999, après qu'Adecco Québec soit devenu numéro un dans son marché. J'ai connu la souffrance, le purgatoire et la noirceur avant de parvenir à la compassion. Ce qui m'a permis de retrouver la passion.

Je rêve que mon groupe mondial fasse de même. Je voudrais que mon roi se repente, qu'il redevienne un bon roi, celui de mes premières années, celles d'avant la fusion. Qu'il reconnaisse ses faiblesses, ses limites et ses erreurs, pour qu'il puisse ainsi se pardonner et que je puisse lui pardonner. Mon livre est peut-être une façon désespérée de lui dire tout ça. Le dernier et le plus grand défi que je lui lance.

Selon certains, l'affaire Adecco serait le troisième plus gros scandale corporatif de l'histoire. Et si on renversait tout ça ? Si Adecco devenait la première, la première organisation à demander pardon publiquement ? Pardon pour son manque d'éthique. Pardon pour la confiance qu'elle a laissée s'effriter, à l'interne comme à l'externe. Mon groupe a des ambitions. Il rêve d'être premier. Eh bien, offrons-nous la meilleure façon d'y parvenir. De passer à l'histoire.

Qu'Adecco se repente.

Demandons pardon aux 68 pays qui nous ont accueillis. Un geste d'humilité total pour notre seul crime : avoir assassiné la confiance, ou plutôt l'avoir laissée mourir. Voilà ce que je souhaite du plus profond de mon cœur. Je propose que nous présentions, au-delà du renforcement des contrôles financiers, un plan de redressement de la confiance à l'interne, qu'on reprécise notre identité, notre vision, nos valeurs, notre philosophie de gestion. Que nous nous engagions ensuite à vivre en cohérence avec elles.

Le fou que je suis, car j'en suis encore un, rêve de retrouver sa vraie fonction auprès du roi. Je veux devenir sa conscience. Me tenir à ses côtés et l'empêcher d'errer, de se perdre et de nous perdre.

Après deux ans à la tête d'Adecco Canada, je considère que ma mission est accomplie. L'organisation a une vision, une culture et une identité claires, fortes, différentes. Nous avons renoué avec la rentabilité et la croissance. Nous sommes mobilisés et fiers, et l'équipe de leaders est presque complète. Adecco Canada a maintenant besoin d'un dirigeant gestionnaire, capable de PODC, mais aussi d'amour. Je suis capable d'amour, mais pas de gestion.

Mon plan est simple : transférer le leadership à Sandra Hokansson, une gestionnaire exceptionnelle, et demeurer le gardien de la vision et du développement. Ou, si vous préférez : que Sandy soit la présidente et moi, le président du conseil. Je veux me libérer de la gestion quotidienne pour pouvoir accompagner nos leaders, à l'interne comme à l'externe. Et ainsi pouvoir partager avec le monde notre vision d'entreprise.

Je désire également explorer l'art et la spiritualité. Je veux que nous retrouvions notre autorité intérieure pour rétablir les notions d'autorité et d'obéissance dans nos organisations. Des concepts que pendant des années j'ai combattus comme un rebelle, mais que je choisis de nouveau aujourd'hui avec un regard neuf. Désormais, j'obéirai à mon ordre intérieur, j'obéirai au talent des autres autour de moi.

Mes équipes sont d'accord avec ce plan. Mes patrons, eux, résistent. Ça ne « cadre » pas avec le modèle Adecco. Une direction nationale bicéphale, c'est du jamais vu. Il n'y a que Rémi-le-rebelle pour imaginer une telle chose ! En septembre 2003, je rencontre Jérôme Caille, qui m'avait convaincu d'accepter la présidence d'Adecco Canada au printemps 2002. Notre rencontre a lieu à Melville, en banlieue de New York, au siège social américain d'Adecco.

Pendant une heure, Jérôme m'écoute attentivement lui expliquer ma vision de l'organisation et la contribution que je peux lui apporter. Il me donne carte blanche, mais pose deux conditions : que je demeure président (tout en déléguant la gestion) et que je contribue au recrutement et à la formation des leaders du groupe dans le monde.

Je suis touché par son ouverture d'esprit et sa confiance. Je rentre au Québec libéré et heureux, même si je sais qu'il faudra encore des mois avant que je me retrouve dans mon nouveau rôle. Au moment où j'écris ces lignes, je suis toujours président d'Adecco Canada.

Mais cela se fera. Je veux me libérer de la gestion quotidienne. Dans un monde où la méfiance est colossale, la fonction de gestionnaire a trop changé. La folie des contrôles et des rapports nous a envahis. On tourne et retourne les chiffres dans tous les sens, et on invente sans cesse de nouveaux ratios. On fait des plans et des budgets qu'on revoit sans cesse. J'aimerais laisser ça à d'autres pour pouvoir me consacrer à l'éveil des consciences.

Thierry Pauchant, professeur à l'École des hautes études commerciales de Montréal, parle d'élargir les consciences ; et Mario Cayer, de l'Université Laval, d'élever les niveaux de conscience. Je crois qu'ensemble, et avec d'autres, nous y arriverons.

Je suis, paraît-il, un idéaliste. Pour moi, le passé n'existe pas. Écrire ce livre a parfois été un exercice ardu. Les dates, les détails, les lieux, je les oublie à mesure. Pour ce qui est du présent, je dois faire des efforts pour y être. Le futur, par contre, je m'y sens très bien. Peut-être parce que je crois très fort en l'être humain. Tout part d'ailleurs de là.

J'ai commencé à écrire ce livre sous le coup de la colère. J'y ai jugé sévèrement certains leaders, des actionnaires, des employés. Et moi-même. Après cette thérapie par l'écriture, je suis un peu plus calme. J'aurais pu changer mon texte, le rendre plus gentil, mais je m'y suis refusé. Je suis heureux qu'il soit clair, et parfois grinçant, car je veux briser la loi du silence pour que nous changions de direction. J'ai eu un choc en relisant mes passages de colère, mais je me déculpabilise en me rappelant la colère de Jésus au temple : ma colère n'est en fait que de la *déception*. Je crois tellement en l'être humain que je suis déçu.

Chacune des personnes dont je vous ai parlé, en particulier celles que j'ai eu la chance de connaître plus intimement, m'ont touché à leur façon. Le président, Philippe Foriel-Destezet, est un homme d'une humilité, d'une simplicité et d'un humour désarmants. Il a une grande capacité à aimer.

Jérôme Caille, notre président mondial, est d'une ouverture d'esprit et d'une intelligence hors du commun. Julio Arrieta, le conquérant, cache aussi Julio l'artiste, le chanteur et le danseur. Un homme d'une touchante sensibilité. Comme Christine-la-carriériste d'ailleurs.

Pour m'être finalement rencontré moi-même, je peux dire que je ne suis pas si mal non plus. Mais que de dégâts lorsqu'on place la couronne sur sa tête ! Ou qu'on se met à jouer aux fous !

Si on arrivait, ne serait-ce que la moitié du temps, à être le roi, le père, l'époux, l'amant, le fils que l'on est vraiment, que de cohérence on trouverait, que de paix. Le stress deviendrait création, les stratégies seraient des rêves, et la folie de conquête se transformerait en passion d'explorer et de contribuer.

L'homme en colère que j'étais au début de ce livre a découvert un flux d'amour infini. J'ai une capacité inépuisable à aimer, à donner. J'ai tellement reçu. Beaucoup plus que je n'ai demandé. Tous les jours je dis merci à la vie.

Je nous souhaite à tous de trouver le calme et la liberté, celle d'être nous-mêmes. Je vous laisse mon credo, qui n'est que le mien à ce moment-ci de mon histoire. Qu'il vous aide à établir le vôtre. Et rappelons-nous qu'aimer ne veut pas dire se taire pour éviter la souffrance. L'amour exige la transparence. L'amour est vrai.

Mon credo

Je crois à la puissance du rêve et à l'imaginaire. Je crois en la beauté, l'harmonie.

Je crois à l'infiniment petit et à l'infiniment grand. Je crois que les choses trouvent leur sens dans leur contraire : la vie dans la mort, nos forces dans nos faiblesses. Je suis donc ému devant le pistil du muguet et devant l'océan.

Je crois dans le potentiel de chaque personne et dans notre capacité à évoluer. Je crois avoir le devoir de faire fructifier mon talent, pas mes faiblesses.

Je crois au silence. Je crois à plusieurs formes d'intelligence et de leadership. Je crois en l'importance de penser par soi-même et à l'urgence d'agir.

Je crois aux vertus de la présence. Chaque jour me propose des moments exceptionnels que je peux saisir et goûter. Je passe d'ailleurs ma journée à dire « merci ».

Je crois qu'il est essentiel d'éveiller ma conscience et que cette responsabilité s'accroît avec le pouvoir qu'on m'accorde. Je crois, comme nous l'enseignent les autochtones, que je dois considérer les sept générations à venir dans mes prises de décision. Mes actes ou mes inactions ont un impact bien au-delà de moi-même.

Le rebelle que je suis croit aujourd'hui aux vertus de l'obéissance. J'obéis par ailleurs aux talents. Quand la conscience du concret est requise, j'obéis à Linda. Quand l'intelligence prévaut, j'obéis à Jean-François. Dans l'urgence, j'obéis à Lyne.

Je crois que la vie est belle si je sais aimer et être aimé, que le bonheur, c'est d'accueillir et d'être accueilli avec ce que je suis et ce que je ne suis pas ; avec mes rêves, mes passions, mes peurs, mon talent.

Je crois en la paix dans le monde. Je crois que ma contribution réside dans mon aspiration à devenir une meilleure personne chaque jour.

Je crois que le monde des affaires n'a rien de différent du monde tout court. Il est simplement un lieu privilégié pour s'exprimer, se sentir utile, contribuer à quelque chose de plus grand que soi. La confiance est son joyau le plus précieux.

Un seul credo anime le leader, le père, l'amoureux, l'ami, l'homme. Je crois donc je suis !

**N'hésitez pas à partager vos impressions avec l'auteur.
Vous pouvez lui écrire à :**

tremblay.remi@adecco.qc.ca

DU MÊME AUTEUR

Découvrez le bonheur au boulot,
coécrit avec Linda Plourde, publié aux Éditions Anne Sigier